AF357670

SŒUR AGNÈS DE LA CROIX

DE LA CONGRÉGATION

Des Gardiennes Adoratrices de l'Eucharistie

DITES

SŒURS DE SAINT-AIGNAN

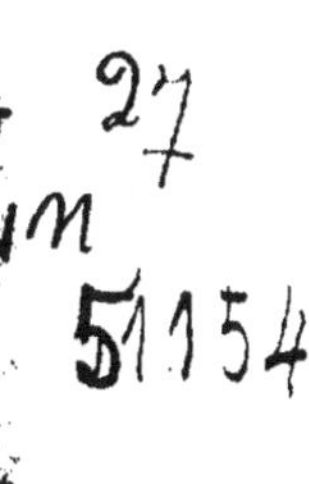

27
m
51154

Imprimatur :

† STANISLAS,
Évêque d'Orléans.

Sœur Agnès de la Croix

DE LA CONGRÉGATION

DES GARDIENNES ADORATRICES DE L'EUCHARISTIE

DITES

SŒURS DE SAINT-AIGNAN

ORLÉANS

IMPRIMERIE PAUL PIGELET

8, RUE SAINT-ÉTIENNE, 8

—

1904

CHAPITRE PREMIER

A l'entrée de la Sologne, en remontant du Val, sur le coteau de Tigy, on trouve un agréable domaine, la Matholière. Le nom en doit revenir si souvent au cours de notre récit que nous croyons utile d'en faire la description à cette première page.

La maison, bâtie sans aucun souci de style, mais très régulière, apparaît immédiatement comme patriarcale et hospitalière, faite exprès pour que les parents, les enfants et les amis s'y rencontrent en nombre et à l'aise. Dans un angle du terre-plein qui forme la cour d'honneur et qu'entourent des fossés toujours remplis d'eau de source, la chapelle s'élève, à part, discrète et recueillie, ouverte aux bonnes gens du voisinage autant qu'à la famille elle-même. Au nord, le vignoble, le verger et le jardin se succèdent, semblant se porter au-devant de l'église paroissiale, distante d'une demi-lieue, bien en vue, élégante et blanche. Au levant et au midi, ce sont les bois, les bois illimités, les sapins odorants, sveltes sous leur parure sombre, ou les chênes vigoureux, dont quelques-uns, presque centenaires, jaillissent côte à côte, fraternellement, d'une souche unique ; et après les bois, tantôt les landes mélancoliques que revêtent comme d'un vêtement de pauvreté ou d'humilité les bruyères, les genêts et toute la flore solognote aux teintes timides plutôt qu'éclatantes, tantôt la plaine doucement vallonnée, avec sa mosaïque de cultures diverses et les taches brunes que lui font par endroits les toits en tuiles des fermes semées à l'aventure. Au couchant, par delà le pont-levis, c'est la pièce d'eau, où tremblent les roseaux indestructibles ; c'est l'îlot boisé, où le pêcheur peut, assis ou debout, tenir sa ligne tendue et le philosophe ou le poète, rêver solitaire... c'est la prairie se déroulant sans gêne et entraînant les yeux vers l'avenue bordée d'arbres et la grand'route poussiéreuse... vers les étangs lointains qui luisent comme des miroirs brisés sous le rayonnement du soleil à son déclin... vers Orléans et sa cathédrale dont les tours et la flèche, par les beaux jours, se profilent dans le ciel clair, à l'horizon extrême.

Dans cette charmante demeure, naquit, le 9 septembre 1867, Yvonne-Marie-Paule du Roscöat. Baptisée le lendemain dans la chapelle du château, elle eut pour parrain son oncle paternel, le comte Amédée du Roscöat, alors consul de France en Espagne, et représenté pour la cérémonie par M. Théobald de Beauregard ; pour marraine, son aïeule maternelle, Mme Robert de la Matholière. Déjà treize mois auparavant, la naissance d'un fils avait apporté grande joie au foyer dont, un jour, Yvonne devait être le céleste ornement.

Les deux enfants se développèrent à l'envi, rivalisant de gentillesse et de vivacité... le bonheur du vicomte et de la vicomtesse C. du Roscöat semblait au comble, tout était charme autour d'eux, sourire à l'horizon..., mais le vent de l'épreuve approchait : le petit Emmanuel, atteint par le souffle fatal, tomba comme une fleur violemment arrachée de sa tige, au moment d'atteindre sa quatrième année.

En même temps, soit inconscient chagrin de la disparition de son frère, soit accident purement physique, Yvonne fut prise d'une maladie de langueur qui donna de sérieuses inquiétudes. Une heureuse diversion avec le changement d'air, résultat du départ de la famille pour

Autry (¹), ranimèrent peu à peu la chère petite
fille. Bientôt même, car on était au mois
d'août 1870 et la guerre franco-allemande commençait, il fut décidé que Mme Casimir du Roscöat s'éloignerait du centre de la France. Elle
partit en effet pour Saintes avec les familles
L. et T. des Francs, emmenant Yvonne et sa
jeune sœur Thérèse, née le 25 mars précédent.
De Saintes, Mme du Roscöat se rendit à Royan,
dont le séjour acheva de consolider la santé
d'Yvonne.

Devenue un peu plus tard l'aînée de plusieurs
frères et sœurs, l'enfant partageait aussi dans une
certaine mesure, tant à la ville qu'à la campagne,
la vie et surtout les jeux des jeunes familles des
Francs. Or, l'histoire raconte qu'elle n'était la
dernière ni en espiègleries, ni en indépendance.
Les pauvres gouvernantes anglaises chargées de
surveiller ou d'instruire ce petit monde virent
plus d'une fois leur patience rudement mise à
l'épreuve, et leur vigilance déconcertée par les
ruses de guerre de la malicieuse troupe enfantine.

Il arriva même qu'un jour Yvonne et l'une de
ses cousines s'échappèrent seules de la Matho-

(¹) Résidence d'été de la comtesse du Roscöat.

lière et s'envolèrent sur la grand'route jusqu'à un kilomètre de distance. Par bonheur, un chien survint, qui se mit à courir en aboyant après les deux fugitives. Saisies de frayeur, elles se précipitèrent dans une petite chapelle rustique dédiée à la Sainte Vierge, en chantant le refrain : « Au secours, Vierge Marie !... » puis se hâtèrent de rentrer au château.

Parfois aussi, se dérobant à la gênante compagnie des plus jeunes, les deux indépendantes prenaient l'essor à travers bois pour cueillir des mûres, en dépit de la défense que leurs parents en avaient faite.

Du reste, jusqu'à sa première communion, Yvonne montra un amour excessif des friandises. Telles de ses sœurs se rappellent fort bien comment elle les invita plus d'une fois à venir dévaliser les buffets où se trouvaient les desserts : gâteaux, fruits, mendiants... etc., et certain poêle demi-prussien, réceptacle des déchets, put, lors de sa démolition, mettre à jour les souvenirs du vandalisme clandestin, de même que les mouchoirs d'Yvonne, corbeilles improvisées pour la cueillette des mûres, portaient parfois la trace accusatrice des excursions buissonnières.

Un autre défaut, provenant chez Yvonne d'un amour-propre assez marqué, était d'inventer, pour se rendre intéressante, mille petits contes effrayants ou fantastiques qu'elle donnait comme certitudes à ses naïves petites sœurs.

Enfin les gouvernantes anglaises n'avaient pas seules à lutter contre le peu d'obéissance et même l'obstination de leur jeune élève : la leçon de piano que lui donnait sa mère était « un terrible cap à doubler chaque jour », nous dit un des témoins de l'époque. Ce fut en grande partie pour assouplir le caractère et la volonté de l'enfant que ses parents se déterminèrent à la placer à Saint-Aignan.

Disons-le toutefois : sous l'entêtement d'Yvonne, il y avait le germe précieux de ce vouloir ferme et suave, de cette ténacité courageuse qui, plus tard, quand l'amour de Notre-Seigneur et des âmes en sera devenu le mobile, produiront des merveilles.

Elle montrait aussi une grande générosité, donnant tout ce qu'elle avait, escomptant même par avance des économies qu'elle ne devait jamais faire, et sacrifiant volontiers les objets auxquels une enfant attache le plus de prix.

Bien que sa tenue à l'église fût très bonne, on ne remarquait en elle aucune disposition spéciale pour la piété. Sa grand'mère paternelle, éminente chrétienne, s'en attristait plus que de raison peut-être : « Yvonne n'est pas pieuse, disait-elle, elle n'aime pas à prier. » L'opinion de la vénérable aïeule était assez partagée dans la famille : un incident que nous raconterons bientôt en donnera la preuve. Mais le soleil de l'Eucharistie allait se lever ardent, lumineux, fécondant, sur l'âme en apparence si insouciante de l'enfant !...

CHAPITRE II

L'ENTRÉE AU PENSIONNAT. — LA PREMIÈRE COMMUNION

Au mois d'octobre 1876, Yvonne entrait à notre pensionnat ; elle subissait, non sans avoir témoigné la plus vive répulsion, cette mesure qui lui enlevait une partie des douceurs de la vie de famille et lui imposait le régime, austère à ses yeux, d'une maison d'éducation. Persuadés au contraire des avantages qu'elle en pouvait recueillir, M. et Mme du Roscöat n'avaient cédé ni à ses récriminations ni à ses larmes, mais ils profitèrent sagement de cette extrême répugnance pour engager la jeune pensionnaire à entreprendre sans retard la correction de ses défauts.

« Ma petite fille, lui dit sa tante, Sœur Joseph-Emmanuel, priée d'interpréter leur pensée, tu n'es nullement contente, je le sais, de venir à Saint-Aignan. Tes parents ont jugé à propos de te confier à nous parce qu'ils veulent ton bien : tu dois te soumettre comme une enfant chrétienne ; la révolte d'ailleurs serait parfaitement inutile. Ecoute attentivement ce que j'ai à te dire. Tu désires par-dessus tout, n'est-ce pas, abréger tes années de pensionnat ? Eh bien ! je vais t'en indiquer le moyen. Puisqu'on t'a placée ici pour que tu travailles à te corriger de ton insoumission, de ton amour-propre et de tes autres défauts, mets-toi à l'œuvre avec bonne volonté, laisse-toi inspirer par la pensée de faire plaisir à tes parents et surtout de te préparer à ta première communion : plus tôt tu seras devenue telle qu'on te souhaite, plus tôt tu retourneras près de ton père et de ta mère.

« Ici cependant, tu peux être heureuse, très heureuse, mais à la condition d'être une bonne élève ; si tu n'es pas docile, tu souffriras nécessairement, tes maîtresses étant mécontentes et toi-même plus mécontente encore. Inutile de te dire, mon enfant, combien je désire que tu sois heureuse !... or, rien n'est plus facile, je te le répète : cela dépend absolument de toi ; j'espère que tu vas bien le comprendre, et que j'aurai la joie de donner à tes parents de bons témoignages de leur Yvonne, surtout de son ardeur à se préparer au grand acte de la première communion. »

Que se passa-t-il dans le cœur de l'enfant durant le discours de sa tante ? Nous l'ignorons. Toujours est-il qu'à partir de ce moment, son travail sur elle-même fut sensible. Ce n'est pas à dire que l'élève des « Miss » de la Matholière devint tout à coup méconnaissable sous le costume des enfants de Saint-Aignan. Nous voyons, par les lettres de son père à cette époque, qu'il faut encore stimuler son ardeur en face des études ou des devoirs. « Allons, prends donc une bonne résolution de ne pas musarder ni de perdre ton temps quand c'est l'heure de travailler... Pense, chère petite, à l'importance pour toi de devenir sérieuse et de quitter l'enfantillage. Quand on songe à faire sa première communion, c'est-à-dire à accomplir l'acte le plus sérieux de sa vie, celui pour lequel on ne saurait assez se préparer, puisqu'il nous approche intimement de Dieu, on ne saurait trop rassembler tous ses efforts pour grandir en réflexion, en sincérité avec soi-même, et par conséquent en sagesse ! J'ai confiance que tu y penseras sérieusement et que nous aurons lieu d'être contents de toi dorénavant. »

Dans une autre lettre : « Je me rappellerai ce que tu me promets, de mieux t'appliquer et d'avoir de meilleures places. Je tiens plus encore à ton application qu'à ton succès. Il faut t'habituer, quand tu travailles, à ne pas penser à autre chose... »

On verra dans la suite quels fruits portèrent

ces conseils et de quelle manière Yvonne enten-
dit le prix du temps !

Pendant les vacances de 1878, c'est sa tante
qui lui envoie les lignes suivantes :

« Ne perds pas de vue la préparation de ta
première communion. Dis-moi tout simplement
si la légèreté te fait encore tourner la tête et te
distraire à la chapelle... Offre à Jésus de petits
sacrifices, particulièrement de ceux qui te font
remporter une victoire sur l'orgueil et la volonté
propre, tes deux grands ennemis : applique-toi,
par exemple, à recevoir les observations respec-
tueusement, sans raisonner, surtout sans avoir
l'air de les prendre en riant, ce qui serait im-
pertinent... ; n'attends pas pour obéir que tu sois
prête et disposée ; montre-toi complaisante pour
tes petites sœurs... »

Ces recommandations dénotent assez clairement que, malgré les progrès d'Yvonne, sa
réforme alors était encore à l'état d'ébauche.
Mais quand, au mois d'octobre, l'enfant eut pris
place définitivement parmi les premières communiantes, on vit son courage grandir dans la
mesure même où elle apprenait à mieux connaître chaque jour l'amour de Notre-Seigneur. Le
mot de première communion avait sur elle une
toute-puissance irrésistible ; aussi devint-elle

bientôt une émule des plus sages, un modèle pour ses compagnes, l'auxiliaire de la maîtresse de catéchisme, pour entraîner les moins ardentes.

Ainsi préparée à l'union divine, ce fut le 26 juin 1879 qu'Yvonne s'approcha du banquet des anges. Lisons, dans le carnet dépositaire de ses souvenirs, les lignes écrites alors par sa plume d'enfant:

« La veille de ma première communion, j'entrai au confessionnal à 4 heures et demie. Ma confession ne fut pas longue. Quand j'eus fini, le prêtre me dit quelques paroles pour m'exciter à la contrition, puis il ajouta : « Recueillez-vous, mon enfant, afin que je vous « donne la sainte absolution. » J'inclinai la tête et je récitai mon acte de contrition plus de cœur que de bouche, car je ne pouvais parler, tellement mes larmes coulaient de joie et de bonheur! En effet, je me sentais soulagée d'un grand poids et je me trouvais si légère que j'avais envie, par moments, de m'enlever vers Dieu, que j'aimais alors de tout mon cœur... »

26 *juin* 1879. — « Je ne pourrais exprimer ce que j'ai senti le jour de ma première union avec le divin Sauveur !!!

« D'abord, je me suis éveillée de très bonne

heure. Après une longue attente, j'entendis venir les chanteuses, et, dès qu'on eut entonné ce beau cantique : *Mon Bien-Aimé ne paraît pas encore*, des larmes s'échappèrent de mes yeux avec abondance. Quand les chanteuses passèrent devant mon lit, je vis que ma tante était avec elles, et j'allai me jeter dans ses bras...

« Notre toilette achevée, on nous conduisit à la chapelle des Enfants de Marie pour faire la prière du matin ; puis nous entrâmes à la chapelle d'où je ne devais sortir qu'après avoir goûté les douceurs de l'Eucharistie.

« J'employai tout le temps de la messe à faire des actes d'amour de Dieu. Un peu avant la communion, M. l'aumônier dit tout haut les actes d'humilité, de contrition, de désir..... je pleurais tellement que je ne les entendis pas beaucoup, mais je les formais dans mon cœur. Mgr Coullié, qui officiait, nous adressa quelques paroles qu'il termina en disant : « Venez, « mes enfants, venez !! » Alors on entonna le beau cantique : *Heureux enfants, allez manger le Pain des Anges.....* Après le premier couplet, je n'entendis plus rien, car on donna le signal pour aller à la sainte table ; je tremblais si fort que je pouvais à peine marcher. Comme je communiais la seconde, mon tour arriva bien vite. Quand Monseigneur me présenta la sainte Hostie, je tremblais de respect, et c'est alors que mes larmes débordèrent, mais c'étaient des larmes comme je n'en avais jamais versé et comme je voudrais en verser toute ma vie !!!

« Quand toutes eurent communié, nous retournâmes à nos places, mais je ne sais pas comment j'arrivai à la mienne, car j'étais toute AU DEDANS, et c'est bien le Dieu que j'avais dans mon cœur qui marchait pour moi. L'action de grâces fut (à ce que l'on m'a dit) plus longue qu'à l'ordinaire, mais elle m'a paru plus courte qu'un éclair.

« Après la messe, nous avons été déjeuner avec nos parents dans une salle du pensionnat ; ordinairement j'ai toujours faim à l'heure du déjeuner, mais ce jour-là, j'avais été rassasiée du meilleur des pains : le pain du ciel !! »

A la page des *Résolutions*, nous rencontrons d'abord ceci :

Prière faite au bon Dieu pendant l'action de grâces de ma première communion.

« Mon Dieu, si, en vivant plus longtemps, je devais commettre un seul péché mortel, faites-moi la grâce de mourir avant, et, pour obtenir cette faveur, je vous promets de réciter chaque jour un *Ave Maria* à cette intention... »

L'heureuse enfant répétera la même prière et la même promesse au jour du renouvellement solennel de sa première communion, l'année suivante ; puis nous l'entendrons plus tard dire avec confiance qu'elle croit avoir été exaucée, de même que nous la verrons fidèle à vivre AU DEDANS comme à l'instant béni où elle se releva de la table sainte, emportant pour la première fois Jésus au fond de son cœur.

Pour le Maître divin, la prise de possession fut souveraine, irrévocable.

« Après la cérémonie de première communion, écrit l'un des proches parents d'Yvonne (lutin d'autrefois parmi le groupe joyeux de la Matholière), on nous laissa quelque temps ensemble. Je n'ai jamais oublié ce détail. Nous étions tous les deux dans un coin du parloir ; je me rappelle le petit sermon qu'elle me fit, il roulait sur son bonheur, et je vois encore ma stupéfaction de l'entendre parler avec une si extraordinaire abondance. Je sentis qu'elle n'était plus l'enfant que je restais encore. »

A plusieurs années de distance, laissons Yvonne nous redire elle-même les impressions toujours vivantes du premier baiser de Jésus à son âme.

Priée, pour une séance littéraire, de composer quelques pages sur « la première communion à Saint-Aignan », elle écrivit, surtout avec son cœur :

« O ma première communion !!! Il me faudrait la voix des anges pour te chanter ! Ton nom seul fait jaillir mes larmes et tomber la plume de mes doigts !...

. . . .

« La première communion ! qui dira ce qu'elle est dans la Maison de l'Eucharistie (¹), la place qu'elle tient dans la vie d'une élève de Saint-Aignan ?... Qui dira surtout la sollicitude dont elle est l'objet de la part de nos Mères, de nos Maîtresses ?...

« Il n'est pas nécessaire de passer bien long-temps au pensionnat pour se sentir envahie et comme imprégnée de l'atmosphère eucharistique, en particulier pour comprendre que la grande affaire de la première communion est ici comme le centre de la vie de toutes les enfants. Pour les plus jeunes, c'est une mytérieuse espérance qui sanctifie les joies, qui console toutes les peines ; pour les autres, c'est un souvenir sacré, qui surpasse tous les plaisirs et produit parfois

(¹) Saint-Aignan était appelé avec prédilection par S. E. le Cardinal Coullié, alors Evêque d'Orléans, « la Maison de l'Eucharistie », à cause du culte spécial dont on y entoure le Très Saint Sacrement.

des effets merveilleux de transformation et de zèle.

« Etudions donc en détail ce qu'est ce jour du ciel avant, pendant et après.

Avant la première communion. — La rosette blanche.

« Le jour de la rentrée est arrivé. Il a fallu embrasser une dernière fois un père, une mère, des petits frères, des petites sœurs... dire adieu à mille objets qu'on aime : moment bien pénible, scène arrosée de larmes... Mais, pour la première communiante, le chagrin est de courte durée. A peine a-t-elle franchi le seuil du pensionnat que le regret fait place à l'espérance ; tout lui redit cette incroyable réalité : me voici première communiante ! — Première communiante... est-ce possible ? — Mais oui ; voilà autour d'elle les compagnes de son âge, sa maîtresse de catéchisme ; on se réunit, on se compte, on se promet une année exceptionnelle, on jouit déjà, par la pensée, du grand bonheur !

« Félicitez-vous, heureuse enfant ! Vous avez le droit d'être fière, car, dans la Maison de l'Eucharistie, la milice des premières communiantes, c'est le *bataillon sacré*.

« Quelques mois se sont écoulés. Pour l'enfant généreuse, ils n'ont pas été stériles. A quoi reconnaîtrons-nous notre petite première communiante ? Faut-il chercher sur sa poitrine la brillante croix d'excellence, avec ce cortège de rosettes éclatantes qui feraient pâlir l'arc-en-ciel ? Non : nous pourrons les y trouver, mais le trait distinctif ne sera point là ; il ne sera pas même dans le cordon d'honneur, qui sied si bien au visage raisonnable, ni toujours dans le cordon de mérite : la croix indique le succès, et ce n'est pas le succès que Jésus demande ; le cordon indique la sagesse sans défaillance, et Jésus sait bien que l'enfant qui ne l'a pas encore reçu peut moins que toute autre se soutenir longtemps sans tomber. Ce qu'il veut, c'est la bonne volonté, l'effort généreux, la lutte contre soi-même, et voilà ce qu'indique la décoration des premières communiantes.

« Ah ! que tu es éloquente, chère petite rosette blanche ! Par ta couleur immaculée, tu me rappelles la pureté de cœur avec laquelle il faut recevoir Celui qui se plaît parmi les lis. Et, pour acquérir et conserver cette innocence, tu me prêches du matin au soir la vigilance, la docilité, la prière : « Sois attentive, sois fervente, » me dis-tu aux heures de recueillement. — A l'étude : « Courage ! » — A la récréation : « Sois aimable, « complaisante, joyeuse. » — Aux jours de bonheur : « Que sera-ce bientôt ?.. » Et, quand un chagrin, une défaillance obscurcissent mon front et font couler mes larmes : « Courage « encore, le grand jour approche ! »

« Et ce petit ciboire gravé sur la médaille d'argent attenante à la rosette, ne me dit-il pas, lui aussi : « Ton cœur est un ciboire vivant. Il « faut chaque jour le parer, l'enrichir de pierres « précieuses, l'ouvrir de plus en plus à Jésus-« Eucharistie. »

« Qu'il est doux le langage de la rosette blanche ! Aussi ne faut-il pas s'étonner du respect qu'elle inspire, de l'ambition qu'elle excite.

« Il n'en est pas de la précieuse rosette comme d'une récompense exclusivement accordée à la première place conquise. Pour le bataillon sacré, il y a autant de palmes que de vainqueurs ; plus on approche du terme, plus les efforts demandés sont sérieux, et plus aussi les rosettes se multi-plient.

« Bientôt une nouvelle circule : le moment solennel est fixé ! On peut enfin compter les jours, les heures... Alors commence la série des exercices préparatoires avec leurs touchants usages, leurs ingénieuses pratiques. Ce feu de joie qui anéantit aux pieds de Marie Immaculée les pages entachées de la vie passée, cet examen dont on est si émue, ce jour de congé sacrifié au recueillement, cette adoption d'une enfant pauvre que l'on traite comme une sœur et qui l'est en réalité au festin du père de famille : voilà autant de souvenirs inoubliables, autant de saints plaisirs qui ouvrent doucement l'âme du côté du ciel et servent d'avant-coureurs à la joie suprême qui doit les couronner.

Le grand jour. — La couronne blanche.

« Si, à l'obscurité d'une nuit sombre, succédait tout à coup dans l'ardeur de son midi le beau soleil qui nous éclaire, nous serions éblouis, aveuglés, et ce saisissement pourrait nous être fatal.

« Il en est de même du soleil eucharistique ; aussi Celui qui a établi l'aube pour la nature a fait également l'aurore de la première communion, et cette aurore, c'est la retraite.

« Quatre jours nous séparent du moment solennel. Le grand jardin du pensionnat est le théâtre de la plus vive agitation : c'est l'heure où chaque élève, chargée de son modeste bagage, prend possession de son petit domaine de retraite, et il n'est pas besoin de dire que le plus retiré, le plus sacré est réservé aux premières communiantes. Puis, vient la scène des adieux :

à voir ces embrassements, à entendre ces recommandations, ces promesses de prières, on pourrait croire que le pensionnat va être dispersé aux quatre vents du ciel... C'est qu'en effet, à Saint-Aignan, la retraite est une vraie séparation, un vrai voyage dans le pays de la solitude.

« Enfin la cloche s'ébranle. Quel retentissement n'a-t-elle pas au fond de tous les cœurs ! C'est la grande voix du Prophète disant à la fille de Sion : « Voici votre Roi qui vient à vous plein de douceur ! »

« A l'instant, le silence le plus profond succède aux clameurs joyeuses ; la gravité monte sur tous les fronts, les physionomies se recueillent... tout est fini avec la terre.

« Que va devenir la première communiante pendant ces trois jours ? Va-t-elle trouver le temps long, le silence trop rigoureux ? Oh ! non ; la variété des exercices et la sollicitude maternelle dont elle est l'objet font qu'à son gré les heures s'écoulent trop vite... que dis-je ? Ne sont-ils pas encore bien longs les moments qui retardent son bonheur ?... Non, parce qu'ils font partie de ce bonheur même, tant il y a de douceur dans cette mystérieuse attente !...

« Cependant le dernier jour arrive : c'est l'heure du pardon. Ce matin, nous eussions pu

voir le bataillon sacré, dans l'attitude de l'humilité, réparer au milieu du pensionnat les torts
inévitables de la vie commune. Ce soir, il est
allé compléter le baiser de paix de la terre par
celui du ciel ; la main d'une Mère a posé sur ces
fronts rayonnants la couronne de roses blanches,
symbole de pureté et d'amour... et maintenant,
écoutez : l'innocente phalange fait éclater sa joie
et ses soupirs :

> Mon Bien-Aimé ne parait pas encore !
> Trop longue nuit, dureras-tu toujours ?
> Tardive aurore,
> Hâte ton cours,
> Rends-moi Jésus, ma joie et mes amours ;
> O jour heureux, quand te verrai-je éclore ?

« Est-il rien de comparable à ces accents ?
« C'était une scène comme je n'en avais jamais
« vu, écrivait une première communiante dans
« ses souvenirs. on riait et on pleurait de
« bonheur. J'aurais voulu que les méchants
« fussent là, ils se seraient tous convertis ! »

« En effet, l'entraînement est irrésistible. Devant les couronnes blanches, tout le monde s'in-
cline... on se dispute l'honneur de les approcher
de plus près, et, qu'on le veuille ou non, il faut
se mettre à chanter, il faut se mettre à pleurer.

« C'est dans ce doux transport que s'écoule la dernière soirée de retraite. Les cloîtres, le jardin, le parloir deviennent le théâtre des scènes les plus attendrissantes ; autour des couronnes blanches, on aspire la pureté, le bonheur, l'amour : on dirait qu'une phalange du ciel est descendue dans nos murs, répandant sur son passage les parfums de la patrie.

Puis, voici la nuit, le moment du repos. Comme l'épouse des Cantiques, la première communiante peut dire à son Bien-Aimé : « Je dors, mais mon cœur veille. » Et Lui aussi, il veille, Celui qui a dit : « Je me tiens à la porte et je frappe. » Amoureusement penché sur ce lit blanc où l'on a suspendu la couronne de roses, il contemple avec délices ce petit tabernacle qu'il brûle de venir habiter. Les anges aussi sont là, ravis, presque jaloux, interrompant leurs concerts, car Jésus-Christ a dit : « N'éveillez pas ma bien-aimée. »

« Enfin le jour a lui ! Jésus tressaille : « Levez-vous, dit-il, ma sœur, mon amie… et venez ! » L'enfant s'éveille : ô surprise ! ô bonheur ! toutes les émotions du soir précédent lui apparaissent avec sa couronne blanche… Le grand jour est donc arrivé ! La voix de ses compagnes,

faisant écho à celle du Sauveur, entonne ce doux
chant :

> « De ton flambeau déjà les étincelles,
> Astre du jour, raniment mes désirs...
>   Tu renouvelles
>   Tous mes soupirs !
> Servez mes vœux, avancez mes plaisirs.
> Anges du ciel, portez-moi sur vos ailes ! »

« On la revêt de sa toilette blanche. Pendant
ce temps, la chapelle s'illumine... tout est prêt...
Venez, Seigneur Jésus, venez !!! O moment indicible ! La messe commence... la communion
arrive :

> Heureuse enfant, allez manger le pain des anges.

« C'est fini. Que s'est-il passé ? Pour l'extérieur,
rien de plus simple : quelques cantiques entre-
mêlés de silence et de larmes... la voix d'un
prêtre... le son d'une clochette... l'apparition
d'une petite Hostie, voilà tout. Mais, au fond de
ce cœur, que s'est-il passé ?... C'est le secret du
Roi ! Moment incomparable, pendant lequel les
voiles tombent et l'âme communique en silence
avec son Dieu ! O ma première Communion !!!

> Brillant matin, délicieuse aurore,
> Moments sacrés, et si doux et si courts !
> Vous avez fui... non, vous durez encore,
> Et pour mon cœur vous durerez toujours !

Après la première communion. — Le voile blanc.

« On reconnaît l'arbre à ses fruits. Quels seront donc les fruits merveilleux de l'arbre sacré de l'Eucharistie ?

« C'est au lendemain de la première communion qu'ils commencent à paraître. « Je sens que « je ne suis plus la même, écrivait une enfant « au soir du grand jour ; je comprends aujour- « d'hui des choses que je ne comprenais pas. » Est-ce bien surprenant ? Jésus-Hostie n'est-il pas la lumière, la vérité, la vie ?

« Oui, c'est bien au jour de la première communion que l'âme commence à voir et à vivre. C'est alors que l'élève de Saint-Aignan naît *Enfant de l'Eucharistie.*

« Jusque-là, elle regardait sans la connaître la blanche Hostie de l'ostensoir ; elle assistait sans y prendre part au banquet perpétuel de la table sainte. A présent, l'Hostie *vit* sous ses yeux ; c'est comme un prisme divin à travers lequel elle voit son Jésus, et en Lui tout ce qui est beau, tout ce qui est bien, tout ce qui mérite d'être aimé. Le reste lui semble indigne d'elle. Hier, on lui disait : « N'effeuillez pas votre blanche couronne... » et elle tremblait : les roses sont si fragiles ! Mais aujourd'hui, elle n'a plus peur : elle sait où elle ira puiser la force.

« La sainte table l'attire, car de servante, elle est devenue convive. C'est pour elle un aimant mystérieux dont la puissance détruit tous les obstacles. On la verra, par exemple, à la veille d'une communion, menacée par une douloureuse circonstance de ne pouvoir entrer au saint tribunal, s'en aller chercher au loin un ministre de Jésus-Christ plutôt que de retarder d'un jour son bonheur.

« L'adoration devient sa joie, la communion ses délices ; on la retrouvera souvent enveloppée dans les longs plis de ce cher voile blanc, témoin aussi de ses promesses et confident de ses secrets. Oh ! que tu me rappelles de doux souvenirs, cher petit voile blanc ! Tu es mon précieux talisman, ma plus belle parure ; sous tes plis, je me cache pour aller à Jésus, comme Lui-même disparaît sous le voile eucharistique pour venir jusqu'à moi : non, non, je ne te flétrirai jamais !

« Que ne ferait-elle pas pour témoigner son amour à Celui qui l'a tant aimée ?

« Au pensionnat, on la verra toujours prête à encourager ses compagnes, surtout celles qui se préparent à la grande action dont elle connaît maintenant tout le prix. Elle s'en ira anssi vers ces enfants abandonnées, vers ces petites sœurs de l'Eucharistie que la Providence a placées si près de nous (¹), et elle leur apprendra que Jésus a dit : « Venez à moi, vous tous qui souffrez ! »

« Plus tard, elle paraîtra au milieu du monde, mais elle emportera dans son cœur son tabernacle permanent ; mieux que cela, elle deviendra elle-même comme un ostensoir qui projette et rayonne l'amour de l'Eucharistie.

« Faire connaître Jésus-Hostie aux enfants pauvres sera toujours pour elle une dette sacrée envers le Dieu de sa première communion. L'entretien des églises, le soin des offices divins seront autant de stimulants à son zèle.

« Et puis, quand sa chère chapelle du couvent s'illuminera de nouveau des splendeurs de la première communion, elle accourra joyeuse au doux nid qu'elle a quitté et réclamera son rang dans la longue file des ANCIENNES qui, chaque année, sont fières de redire la formule de leurs serments : « Je renonce à Satan, à ses pompes, à ses œuvres, et je me donne à Jésus-Christ pour toujours ! ».

« Mais il faut s'arrêter. Est-ce bien à nous d'ailleurs, enfants de Saint-Aignan, qu'il convient de révéler ces choses ? Oui, car nous le

(¹) Les enfants recueillies à l'œuvre dite « de la Première Communion. »

savons, le petit grain ne produit cent pour un que par le soleil qui l'a fait germer, par la rosée qui l'a fécondé, par le cultivateur qui lui a prodigué ses soins.

« Honneur donc et reconnaissance éternelle au soleil eucharistique qui échauffe et vivifie nos âmes..., au divin jardinier qui, par la plus délicate des sollicitudes, les a placées sous l'ombrage de l'Arbre de vie ! »

En transcrivant ces pages, qu'il eût été regrettable de ne pas citer totalement, loin de nous la prétention de faire croire que, dans toutes les âmes de la jeune famille de Saint-Aignan, la première communion porte de tels fruits ; mais, sous les traits généraux qu'elle a cru peindre, Yvonne, à son insu, s'est révélée elle-même dans toute l'ingénuité et la simplicité de son cœur : la persévérante presque idéale dont sa main a tracé le portrait, elle nous en a personnellement offert la réalité vivante.

Ce qu'elle vient de décrire sous nos yeux : « Avant, après la première communion », nous pouvons le lui appliquer dans un autre sens et dire : Quel contraste entre l'enfant d'avant 1879 et la première communiante de cette année transformatrice !

On avait été jusque-là si pénétré de son insouciance religieuse que, même au cours de la grande année, alors que, généralement parmi les siens, on ne soupçonnait pas encore le puissant travail de la grâce dans son âme, il se produisit un incident dont elle se plaisait un jour à nous faire le récit.

« Thérèse et moi, racontait-elle, accompagnions papa dans une visite à Mgr Coullié, évêque d'Orléans. Affable selon son habitude, Monseigneur daigna s'intéresser à nous, petites filles, et, entre autres choses :

« Aiment-elles bien le bon Dieu ? demanda-t-il à papa. — Oh ! pour Thérèse, oui, Monseigneur. Quant à Yvonne....., il n'y a pas d'excès.

« Aussitôt je fondis en larmes ; cette parole m'avait blessée au cœur... je me sentais bouillonner : Ah ! m'écriais-je intérieurement, je n'aime pas le bon Dieu !... Eh bien ! il verra, papa, si je n'aime pas le bon Dieu !... Je l'aimerai peut-être plus qu'il ne voudra !

« Monseigneur comprit ce que j'éprouvais. A quelque temps de là, nous avions la joie et l'honneur de le recevoir à la Matholière et il me donnait une image sur laquelle je lus ces mots écrits de sa main : A ma chère Yvonne. — Seigneur, vous savez si je vous aime !

Et après s'être nourrie pour la première fois du Pain des Anges, l'insouciante d'autrefois écrivait sur un carnet intime :

« Depuis ma première communion, j'ai un ardent désir de mourir. Je le demande tous les jours au bon Jésus, et comme je vais être bientôt confirmée, je voudrais mourir le soir de ce beau jour, car je n'aurais plus rien à souhaiter ici-bas. J'aime tant Jésus !... il m'a tant aimée ! Aussi je lui demande de l'aimer toujours et toujours davantage et je voudrais mourir d'amour pour lui. Voici ma devise : « Tout pour Jésus, vivre d'amour, mourir d'amour !... »

« Mais si ce n'est pas la volonté de Dieu que je meure tout de suite, je me conformerai à sa volonté sainte et je tâcherai chaque jour de devenir plus aimante pour ce Dieu de l'Eucharistie. »

Sa confirmation qu'elle vient d'annoncer comme prochaine eut lieu le 17 février 1881.

« Quel bonheur d'être enfin arrivée à ma retraite, écrit-elle dans un de ces petits cahiers auxquels elle donnait volontiers pour titre « Confidences à mon bon ange », que je suis heureuse de me retrouver aujourd'hui avec mes compagnes de première communion, dans le même silence et le même recueillement qu'à la veille de recevoir Jésus pour la première fois. Ce matin, en mettant ma retraite sous la protection de la Sainte Vierge, de mon ange gardien et de sainte Marie-Madeleine (que j'aime tant et qui va devenir ma patronne), j'ai dit au bon Dieu que tous les battements de mon cœur pendant la journée seraient pour lui répéter : « A mon âme attentive, parlez, parlez, Seigneur », et que tous mes pas lui diraient : « Mon Dieu, je vais à vous, venez à moi. »

. . . .

Trois jours après, l'Esprit-Saint qu'elle appelle est venu et voici comment elle traduit les impressions de cette visite divine dont nous l'avons entendue dire : « Ce fut encore plus beau peut-être que ma première communion. »

« Quand je me relevai après l'onction du Saint-Chrême, je retournai à ma place en pleurant bien fort... je sentais le Dieu que je possédais avec la plénitude de ses dons et de ses grâces. Il me parlait et j'entendais au fond de mon cœur cette parole : « Aime-moi, mon enfant ; aime-moi comme je t'ai aimée ! » et je répondais : « Oh ! oui, divin Esprit, je veux vous aimer toute ma vie et mourir d'amour. » Jamais je n'oublierai ce qu'il me fit sentir en ce moment ;

je ne pourrais exprimer avec quelle bonté il me
disait : « Ma fille Yvonne que j'ai tant aimée,
que j'aime tant, que j'aimerai toujours, m'aimes-
tu ? » Et moi, au milieu de mes larmes, je répondais : « Oh ! si je vous aime !... mais comment
ne pas vous aimer, vous si bon pour moi ! Vous
m'avez accablée de vos grâces, et moi, qu'ai-je
fait pour vous ? de faibles sacrifices, et c'est tout.
Oh ! oui, je vous aime de tout mon cœur... » Et
je me sentais tout embrasée d'amour... Il ne
prononçait pas de paroles, mais cependant je
l'entendais aussi distinctement que s'il parlait.
Je le priai de ne jamais me quitter... je pris la réso-
tion d'être fidèle à la voix intérieure de la grâce
et d'obéir toujours à ce que me commanderaient
les personnes qui ont autorité sur moi et qui
me représentent Dieu.

En sortant de la chapelle, Monseigneur se rendit au Pensionnat ; là, on lui offrit une séance
littéraire et musicale, très intéressante, à ce que
l'on m'a dit, car j'y étais bien de corps mais pas
d'esprit. Je trouvais n'avoir pas eu assez d'action
de grâces... le Saint-Esprit parlait encore et sa
voix couvrait sans peine celle des chants des
élèves. La séance terminée, on nous fit monter
au dortoir pour quitter nos robes blanches. Je
me sentis brûler toute la journée du feu que le

Saint-Esprit venait d'allumer dans mon cœur et vers le soir son ardeur redoubla ; je ne pouvais être qu'au dedans et tous les soins extérieurs m'étaient à charge.

« Enfin ma tante Joseph-Emmanuel me procura le grand bonheur de me conduire un instant à la chapelle pour remercier le bon Dieu. Oh ! cet instant, je ne l'oublierai jamais ! A genoux près de la grille de communion, témoin des seules joies que je trouve sur la terre, j'étais fondue d'amour et de reconnaissance ! Je répétais au bon Dieu des paroles sans ordre et sans suite, n'en trouvant aucune pour exprimer l'étendue de mon amour et de l'offrande que je lui faisais de moi-même.

« Ma tante me fit signe de sortir... La seule pensée de retourner au milieu de mes compagnes me fit fondre en larmes. J'aurais préféré me faire clouer là et y rester toujours ! Mais je sortis, laissant là tout mon cœur et répétant au long du chemin : « Mon Jésus, je suis à Vous ! prenez-moi ! prenez *tout, tout, tout !* »

« Je retournai avec mes amies. Mais après le souper, n'y tenant plus, j'obtins la permission de quitter la récréation et je courus me réfugier à l'oratoire du Sacré-Cœur. Je fermai soigneusement la porte, et, quand je fus bien seule avec mon Jésus, je tombai à genoux en sanglotant si fort qu'on aurait pu m'entendre de l'autre côté. Mon cœur brûlait dans ma poitrine ! il me semblait que j'allais mourir : c'était, du reste, mon plus grand désir... Je le demandais malgré moi, car je savais bien que ce n'était pas pour ce soir.

« Je pensais à l'avenir, au monde, et cela me faisait une grande peine. Il m'avait toujours semblé que je n'étais pas faite pour la terre, et toute mon espérance était d'y mourir jeune. Mais pourtant si j'y restais, il faudrait un jour sortir du couvent, vivre dans le monde... et puis... plus tard... mais, oh ! non, non, mon Jésus, je vous en supplie, retirez-moi du monde ! gardez-moi toujours près de vous... Cachez-moi dans votre cœur : c'est *là* que je voudrais vivre et mourir ! Je me donne, me livre et me consacre à Vous tout entière et pour toujours ! Oh ! prenez-moi, mon Jésus, prenez moi ! Faites que je n'aime jamais que vous, attachez-moi à vous pour toujours ! Prenez mon cœur, prenez mon âme, prenez mon corps ! prenez, mon Jésus, tout ce qui est en moi, ou bien, faites moi mourir ! »

« Je lui disais tout cela et aussi bien d'autres choses qui ne peuvent s'exprimer. Puis il se fit en moi un grand calme. Je me tenais là sans

plus rien dire, je ne sentais rien de ce qui m'en-
tourait, mais je sentais en moi la plénitude de
Dieu comme si je n'étais plus sur la terre. Oh !
que j'étais heureuse ! j'étouffais de bonheur et je
vous disais, ô Jésus : « C'est trop, je ne peux
plus me contenir ». Et encore je ne dis pas la
moitié de ce que c'était !

« Tout à coup la cloche tinta pour la prière.
Ah ! dans quel état de larmes et de transpiration
je me retrouvai... Au grand jour, je n'aurais
plus osé paraître, mais il était tard et personne
ne s'en aperçut... »

. . . .

L'avenir se chargea de prouver que ces trans-
ports et ces larmes n'étaient point, comme on
pourrait être tenté de le croire, l'effet d'une émotion profonde, mais passagère.

L'adolescente de treize ans qui se livre ainsi à
Dieu va monter de vertus en vertus et nous ne
la retrouverons pas moins fidèle, pas moins
aimante dans le sacrifice et dans l'épreuve que
sous le flot des plus ineffables consolations.

Son travail sur elle-même, si courageusement
commencé en vue de sa première communion, se
poursuit presque sans aucun relâche. Elle attaque
en particulier l'amour-propre « son Goliath », et,
selon l'expression de sainte Thérèse, elle « tient

tellement son âme entre ses mains » que, pour expier de légers manquements, quelques violations du silence avec une amie dans une journée de retraite, elle s'impose plusieurs petits sacrifices. Sa religion n'était donc pas une religion de sentimentalité, il s'en faut bien !

L'année scolaire 1881-1882, qui suivit celle de sa confirmation, fut la dernière de son séjour au pensionnat.

« Comme je me rappelle, écrivait lors de sa mort une de ses anciennes compagnes, comme je me rappelle cette élève si sage, si douce, si parfaite ! ma consolation, mon édification toujours ! Quel parfum cette âme a laissé autour d'elle ! Bénies soient les mères qui ont formé de telles enfants ! »

« Quoique plus jeune que moi et les élèves de ma classe, dit une autre, elle était déjà notre modèle à toutes. »

Ces témoignages, exactement vrais, il serait facile de les multiplier à l'infini !

Le nom d'Yvonne n'éveille pas le souvenir d'une élève brillante ; malgré l'intelligence dont Dieu l'avait douée, elle éprouvait une certaine antipathie pour l'étude, s'y appliquait néanmoins par devoir, mais sans résister toujours aux attractions qui l'entraînaient ailleurs. Plus d'une fois, détournant les yeux de la géographie ou de l'histoire ouverte sur son pupitre, elle sortait un petit mémorial de retraite, en savourait les lignes, et la compagne assise auprès d'elle surprenait alors ses larmes silencieuses, furtivement essuyées... Innocente faiblesse qui rappelle un peu Ignace de Loyola tombant dans une sorte de contemplation et d'extase quand, étudiant de quarante ans, il s'exerçait à conjuguer le verbe *Amo Deum.*

Elle-même, écrivant à une amie en 1887, fait allusion à d'autres infractions du règlement provenant de ses attraits intérieurs.

« Oh ! qu'il est bon notre Jésus ! quel temps délicieux nous avons passé ensemble près de lui ! Je ne saurais oublier ces bonnes récréations des soirs d'été quand nous nous promenions dans le jardin en regardant le ciel et en parlant de Lui ! Et nos petites adorations du soir en hiver... que c'était bon ! Vous rappelez-vous mon habileté à disparaître de la ronde et vos sages remontrances quand j'étais partie sans permission... nous revenions sur nos pas et souvent on nous faisait rester ! Bonne L..., c'était toujours vous qui aviez raison ! »

Qui n'excuserait de pareilles fautes ?

Cependant l'œuvre de modification morale et

d'assouplissement, but de l'entrée d'Yvonne au pensionnat, était accomplie au delà de toute espérance.

Le comte et la comtesse du Roscöat (¹) décidèrent de ramener leur fille aînée au foyer domestique, tandis que Thérèse et leur troisième fille, Henriette, continueraient leur éducation à Saint-Aignan.

Inutile de dire avec quels regrets la chère enfant quitta cette « maison de l'Eucharistie » où elle avait reçu tant de grâces et passé de si heureux jours ! Le 2 octobre suivant, elle écrivait à une amie : « De plus en plus j'apprécie le bonheur d'avoir été élevée à Saint-Aignan et de plus en plus aussi je regrette ce cher pensionnat. »

(¹) Monsieur Casimir du Roscöat était devenu chef de famille et avait pris le titre de Comte à la mort de son frère aîné.

CHAPITRE III

LA JEUNE FILLE

Désormais, c'est à la Matholière, près de son père, de sa mère et de ses plus jeunes sœurs, que nous allons voir Yvonne partager son temps entre ses exercices de piété « qui la réjouissaient plus que tout le reste », les devoirs de la vie de famille et les œuvres de zèle.

Tous ceux qui l'ont connue la contempleront certainement avec nous sous les traits où l'abbé de Bellune a représenté la jeune fille chrétienne :

« Une jeune fille vient de franchir le passage qui sépare l'enfance de la jeunesse. Sur son front, il n'y a que grâce, joie, paix et pureté ; dans ses yeux, que tendres éclairs ; sur ses lèvres, que le sourire confiant avec lequel elle s'ouvre les âmes ; dans toute sa personne, qu'harmonie et douceur. Quand elle parle, c'est une musique ; quand elle paraît, c'est une lumière ; quand elle se retire, quelque chose de charmant se retire avec elle ; absente, elle est espérée ; présente, on craint son départ. Ce qui fait sa magie, ce n'est pas seulement l'éclat et la fraîcheur de ses dix-huit ans qui s'entr'ouvrent : c'est surtout quelque chose de supérieur et de plus intime : c'est l'apparition continuelle d'une belle âme sur un jeune et doux visage, dans des yeux où elle rayonne, sur des lèvres où elle met un reflet de sa bonté, à travers toutes les transparences virginales par lesquelles elle se laisse voir. De toutes ces harmonies, aucune n'est trompeuse ; en disant : l'âme est belle, le visage ne ment pas. »

Le premier soin d'Yvonne, à sa sortie du Pensionnat, fut de se faire un petit règlement, afin d'établir l'ordre dans sa vie de quinze ans.

L'âme remplie de cette vérité que le temps nous est donné pour glorifier Dieu et conquérir le ciel, attentive à n'en pas perdre une parcelle, dès qu'elle changeait de résidence, même accidentellement, elle se hâtait de régler l'emploi de ses heures. « Sur ce point, nous écrit sa sœur Thérèse, elle était très ferme, mais comme toujours, sans étalage. »

Sa vie dans la famille se composait des occupations et des plaisirs qui composent l'existence des autres jeunes filles ; mais c'était un enchaînement ininterrompu d'actes d'abnégation où le

sacrifice se voilait sous une aménité si constante
et une grâce si parfaite que, le plus souvent,
personne n'eût pu le soupçonner : « J'ai été très
frappée, relate une de ses cousines, de la simplicité avec laquelle elle se privait d'une pratique de
piété quand elle croyait sa présence utile ou seulement agréable aux siens. Un jour (ce n'était pas
un dimanche) qu'il s'agissait de l'emmener à la
messe, il fallut que sa mère l'assurât qu'elle
n'avait aucun besoin d'elle pour la décider à nous
accompagner. — Son premier refus m'édifia doublement quand je la vis s'approcher de la sainte
table. — Ce refus généreux avait dû être un bien
grand sacrifice pour une âme possédée comme la
sienne d'une ardente dévotion à la sainte Eucharistie !...

« Elle s'occupait de ses petites sœurs avec tact
et patience, tantôt les instruisant, tantôt les amu-
sant selon leurs goûts qui étaient alors assez
opposés : l'une aimait la lecture, l'autre le jeu.
C'est l'explication qu'elle me donna lorsque je la
trouvai un jour passant sa soirée dans le vestibule à faire une partie de ballon avec Elisabeth.
Ce dévouement avait du reste sa récompense dans
l'affection et la confiance des enfants : « MADAME
YVONNE » était obéie au moindre mot. Rien n'était
plus charmant que les leçons d'histoire sainte

pour lesquelles elle se servait de la Bible de Mme de Ségur, et les préparations à la confession où l'accusation ne manquait guère d'être faite spontanément et préalablement à la grande sœur.

« En dehors de cette mission d'éducatrice, on la trouvait toujours appliquée à quelque chose d'utile. Je ne me souviens pas de lui avoir vu entre les mains un seul livre, je ne dis pas mauvais, mais simplement frivole : « Je n'ai jamais lu de romans », me dit-elle un jour, et son ton indiquait bien qu'elle n'éprouvait nulle envie de faire connaissance avec ce genre de productions. Il y avait là, je crois, plus que le goût naturel d'un esprit élevé, il y avait de la vertu. »

Le cercle de la famille, la culture si intéressante pour elle de l'âme de ses petites sœurs, ne suffisaient pas à satisfaire sa jeune flamme apostolique. Dès ses derniers temps de pensionnat, elle avait su s'oublier elle-même pour entourer de sollicitude celles des enfants de la première communion dont ses maîtresses la constituaient « l'ange ».

A peine sortie de Saint-Aignan, elle cherche les pauvres de Tigy, surtout les enfants, qu'elle aima toujours avec prédilection, pour les catéchiser. M. le curé de la paroisse lui envoie les moins intelligents. Tous les jeudis, elle les reçoit régulièrement dans sa chambre, sans paraître s'apercevoir de la boue des chemins et de l'odeur d'étable que la petite troupe laisse en se retirant.

Parmi ces enfants, il lui arrive de rencontrer un jeune garçon des plus dénués et presque abhorré de tout le monde à cause de ses nombreux défauts : on ne sait comment le préparer à sa première communion ; Yvonne s'en charge ; la tâche est ardue, car l'enfant n'écoute que peu ou point les instructions et les retient moins encore. Rien ne rebute la charitable catéchiste et, à force de patience, elle atteint ce que son zèle désire.

D'autres ne laissent pas d'éprouver grandement aussi sa constance par leur légèreté, témoin cette réponse de l'un d'eux après un entretien de M. le curé avec lui et avec ses camarades. « Que vous a dit M. le curé ? » interrogeait Yvonne. — « Ah ! je ne sais pas, Mademoiselle, j'y ai pas pris garde. » Cette déconcertante et rustique étourderie ne la décourageait pas.

Pendant la retraite de première communion, elle suivit ce même petit néophyte avec une attention plus touchante que jamais et le bon Dieu daigna enfin couronner son dévouement. Le grand jour arrivé, la figure de l'enfant rayonnait

de bonheur et, en sortant de la messe, il se pré-
cipita au cou de sa bienfaitrice, au grand émoi
de sa mère qui se confondait en excuses, tandis
qu'Yvonne la rassurait en excusant, elle aussi,
le mouvement spontané de l'heureux commu-
niant.

Du reste, par sa douceur et sa fermeté, elle
exerçait sur les enfants un ascendant remar-
quable. A l'église notamment, où ils étaient fort
distraits et fort dissipés, on les voyait redevenir
sérieux et soumis à l'approche de la « demoiselle »
dont ils avaient, en certaines occasions, reçu les
remontrances à la fois calmes, dignes et suaves.

On aime à voir dans sa correspondance l'intérêt qu'elle portait à ses jeunes écoliers : « Je
recommande bien à vos prières, écrit-elle à sa
tante, mes chers enfants du catéchisme. J'ai trois
petits garçons qui se préparent à la première
communion et qui deviennent très gentils, surtout mon Joseph (¹). La première communion
sera peut-être un moment décisif pour lui... si le
bon Dieu voulait !... »

Et ailleurs : « Ils sont bien intéressants tous
ces pauvres petits !... quand je me vois au milieu

(¹) Enfant qui devait entrer à l'école des Petits-Clercs de
Cléry.

d'eux, je pense à Notre-Seigneur au milieu des apôtres et je lui offre mon humble travail. Ils ont de plus en plus d'ardeur et se trouvent déjà très savants. »

« Depuis la première communion, je n'en a plus que huit; j'en voudrais bien davantage, mais nous sommes trop loin du bourg. Je n'ai pas revu mon pauvre Modeste après sa première communion ; il est placé dans une ferme, je ne sais ce qu'il devient !... Quant à Louise, je viens d'apprendre qu'elle est placée à Gien ; j'espère que c'est dans une bonne maison. Elle, si gentille, si sérieuse, j'ai eu un vrai chagrin de la laisser aller, etc...

« Mes petits garçons commencent à aimer le Saint-Sacrement et à lui faire une fois par semaine une courte visite. J'ai une petite fille de huit ans qui, en passant près de l'église pour aller à l'école, entre toute seule pour faire sa petite visite... Je ne dis pas qu'ils sachent très bien y employer leur temps, mais il me semble que Notre-Seigneur doit être si content de les voir seulement entrer dans son église toujours déserte ! Et puis, est-ce que lui-même ne saura pas leur apprendre la manière de s'entretenir avec lui ? Je voudrais les y envoyer tous ; cela me fait trop de peine de voir avec quelle indifférence on passe et on repasse devant l'endroit où réside ce pauvre Jésus, sans penser à entrer ! »

Ceci répond bien à ce qu'elle écrivait à une amie, en octobre 1883 :

« Comme il est triste de voir les populations si froides pour tout ce qui est de la religion !... N'y a-t-il pas là un nouveau motif de nous rappeler nos devoirs d'enfants de l'Eucharistie ? C'est bien à nous, en effet, de dédommager Notre-Seigneur de tant d'indifférence. C'est bien nous, ses enfants privilégiées, qui devons le consoler par notre amour et notre fidélité constante. Disons-lui souvent ce que lui-même disait à son Père : « Mon Dieu, pardonnez-leur, car ils ne savent ce qu'ils font... »

« A Dieu ! Soyons toujours unies en Lui ; aimons-nous pour Lui seul et tâchons de faire aimer à tous ceux qui nous approchent Jésus-Christ vivant en nous. »

La préoccupation dominante d'Yvonne était les âmes des jeunes filles qui n'avaient pas eu, comme elle, le bienfait d'une éducation privilégiée. Or Tigy ne possédait pas d'œuvre de persévérance. Elle résolut d'en fonder une. Mais comment y arriver ? Elle se posait avec anxiété la question et la posait plus encore à Notre-Seigneur : le Maître divin de la moisson lui répondit.

Il y avait alors à Tigy une pieuse fille, Angèle Arnout, de laquelle une voix autorisée a dit depuis, au lendemain de sa mort, « que, par sa foi et son humilité, elle s'était élevée dans la sainteté jusqu'à planer au-dessus de tout, jusqu'à vivre plus près du ciel que de la terre. » Sous les dehors les plus modestes, elle cachait une âme d'apôtre. Un jour elle vint trouver Yvonne et lui exposa son propre désir de travailler à la persévérance des jeunes filles. « Seulement, ajouta-t-elle, je ne suis pas instruite, je ne saurai pas parler à ces enfants, je ne trouverai pas moyen de les intéresser. » De son côté, Yvonne pensait : « Je ne connais pas du tout les jeunes filles de Tigy et ne pourrai fonder une œuvre sans aller d'abord à elles, sans savoir leurs noms, sans être un peu au courant de leurs familles. »

L'ouverture de son interlocutrice lui fut le trait de lumière providentiel. Aussitôt l'entente se fit entre ces deux cœurs similairement inspirés par la grâce ; et, peu après, sous l'égide d'Yvonne et d'Angèle, commencèrent des réunions chez les Sœurs de Tigy.

Vers la même époque, un incident survint qui seconda le zèle des deux apôtres. La paroisse se trouva tout à coup dépourvue d'organiste. Sans calculer avec les ennuis et les fatigues qu'il lui en coûterait, Yvonne demanda et obtint de remplir la place vacante. Pour cela, il lui fallait, chaque dimanche, après la célébration de la grand'messe, rester au bourg jusqu'à l'heure des vêpres auxquelles elle tenait à assister, et cet assujettissement n'était pas sans mérite. D'autre part, son ignorance du plain-chant, le jeu discordant des ophycléides, sa légère myopie, gênante pour la lecture de la musique, lui rendaient la charge en question particulièrement difficile ; enfin les observations de ses parents eux-mêmes, soit sur les insuccès des débuts, soit sur les aspérités d'une tâche qu'ils jugeaient trop onéreuse pour elle, rien ne fut capable de la décourager, car au fond elle atteignait son but : les jeunes filles, dont son clavier soutenait les chants, se groupaient autour d'elle, s'attachaient à elle... Le reste lui importait peu.

L'admirable constance de sa volonté en face du bien devait d'ailleurs subir d'autres épreuves. Toujours semblable à lui-même dans ses conduites, Dieu permit que la petite œuvre naissante rencontrât des obstacles et des contradic-

tions. Celles-ci surgirent parfois d'où on aurait
eu lieu, au contraire, d'attendre le secours. La
parole de l'Imitation demeure perpétuellement
vraie : « Tous désirent le bien et se le proposent
dans leurs paroles et dans leurs actions », mais
tous ne l'entendent pas de la même manière.

Quoi qu'il en soit, Yvonne ne se laissa point
ébranler ; non seulement le grain de sénevé se
développa, mais il devint un arbuste sur lequel,
au prix d'incroyables labeurs, elle greffa une
association d'Enfants de Marie.

Il serait trop long d'écrire en détail tout ce
qu'elle donna de dévouement et d'amour à ses
chères jeunes filles. Absente de Tigy, elle ne les
perd point de vue. Angèle la tient fidèlement au
courant des consolations et des déboires, des
conquêtes ou des défections. D'Orléans, de
Rome même (hiver de 1888), elle leur écrit pour
les encourager. « Ses grandes joies, nous dit sa
sœur Thérèse, sont les réceptions d'Enfants de
Marie ou les petits succès obtenus dans l'œuvre
de la persévérance. »

Un apostolat d'un autre genre fut celui qu'elle
exerça dans la demeure même des pauvres. Il
est aisé de se figurer la joie que devait y apporter
sa douce et souriante apparition. On se souvient

entre autres d'une bonne vieille près de laquelle
Yvonne se rendait souvent. Cette femme était
presque aveugle et sourde à tel point que son
mari ne prenait plus la peine de lui adresser la
parole : d'où résultait pour la pauvre créature
un complet isolement moral. Sa jeune visiteuse
découvrit qu'on pouvait encore s'en faire
entendre : ce n'était pas chose aisée, mais la
charité est ingénieuse. Yvonne s'asseyait à côté
d'elle, et, tout en parlant, lui enlevait des mains
les vêtements déchirés que l'infirme essayait de
raccommoder, finissait la reprise commencée ou
achevait de remettre la pièce au jupon. Tant de
charité et de bonne grâce était bien de nature à
gagner le cœur de la pauvre délaissée ; ajoutons
que, dans son âme croyante, les encouragements
de l'ouvrière improvisée trouvaient facilement
écho ; aussi ne tarda-t-elle pas à lui confier ses
inquiétudes pour l'âme de son mari, honnête
Auvergnat, gardant de son origine l'activité du
travailleur opiniâtre et l'accent du pays, mais
ayant uniquement songé jusqu'alors aux soucis
matériels de l'existence. Pour Yvonne, savoir
cela et entreprendre la conversion du mari,
c'était tout un. Comment fit-elle ? Son bon ange
seul pourrait nous le dire. Toujours est-il que
l'indifférent septuagénaire se confessa et vint

communier à la Noël suivante dans la chapelle de la Matholière. Cependant Yvonne avait encore une anxiété : elle se demandait si la conversion serait durable et voulut s'en assurer. Avant de partir pour Orléans, elle entama la question des Pâques. La réponse montra clairement la bonne foi et l'ignorance du vieillard : « Mes Pâques, Mademoiselle ! Mais... je viens de les faire ! — Non, ce que vous venez de faire vous a remis en grâce avec le bon Dieu et a réglé le passé ; à Pâques, il faudra obéir au précepte que vous avez négligé trop longtemps. » Le converti écoutait avec attention : « Bon, Mademoiselle, fit-il de son accent particulièrement scandé, bon, je ne comprends pas, mais je le ferai tout de même. » Et, au temps de Pâques, sans autre exhortation, le vieil Auvergnat revêtit ses habits de fête, franchit les quelques kilomètres qui le séparaient de l'église et accomplit consciencieusement ses devoirs de chrétien. Bien lui en prit, car, avant de revoir sa bienfaitrice, il alla, ouvrier de la dernière heure, se présenter devant son bon Maître et recevoir la récompense du tardif mais sincère retour auquel Yvonne avait contribué.

« Je regrette, ajoute la correspondante à laquelle nous empruntons le fond de ce récit, je regrette, en rappelant ces petits traits de zèle, de ne pas leur laisser le charme qu'ils revêtaient en passant par les lèvres d'Yvonne. J'ai renoncé à rappeler certains détails, en constatant à quel point ma plume les aurait déflorés .

« Sa conversation, continue-t-elle, était très agréable ; toutefois son entrain ne s'exerçait jamais aux dépens de la charité. Je la vois encore, un jour qu'on lui citait un fait sans gravité, mais peu à la louange de certain prochain : l'expression de sa figure fut plus éloquente qu'un blâme Cette charité délicate était un des côtés caractéristiques de sa vertu. »

Il nous tarde de revenir étudier le sanctuaire de son âme. « La beauté de la fille du Roi est tout intérieure. » Combien ce mot est vrai quand il s'agit d'Yvonne ! Simplicité, pureté, amour intense de la divine Eucharistie, soif de perfection, de pénitence, de souffrance, ardent désir de gagner des âmes à Jésus, d'édifier tous ceux qui l'approchent, tendresse surnaturelle pour les siens, ordre parfait dans ses affections et dans toutes ses facultés, fraîcheur et en même temps maturité précoce, voilà les beautés qui forment en elle un tout, une sorte de fleur merveilleuse dont on ne peut détacher un pétale, pour l'exami ner isolément, sans altérer l'ensemble de cette corolle aux nuances multiples, fondues avec un art divin par l'Esprit sanctificateur.

Pour assister à l'épanouissement progressif de cette fleur, nous ouvrirons donc simplement les pages confidentielles où Yvonne elle-même a, pour ainsi dire, photographié son âme. On verra avec quelle généreuse mais patiente énergie elle travaille à corriger ses défauts « si vilains et si nombreux qu'à peine elle sait par où commencer », à vaincre son désir inné d'être mise en avant, à mortifier sans cesse la nature, à détruire le MOI, dont elle déplore de sentir, hélas ! la racine « toujours vivace. »

NOTES DE RETRAITE — 1883

Après une instruction sur le péché.

« Cette instruction m'a fait trembler. Heureusement, ô Jésus, vous n'avez encore jamais permis que votre enfant vous chasse de son cœur par un péché mortel... Et j'ai la ferme confiance que vous ne le permettrez jamais. Cependant, sans être si coupable, que de fois je vous ai fait de la peine par mes infidélités et mon manque de générosité... Pardonnez-moi et faites que je ne vous refuse plus un sacrifice.

« Et vous, Marie, ô ma Mère, restez avec Jésus dans mon cœur, gardez ce cœur bien pur, bien innocent afin que « Celui qui se plaît parmi les lis » y trouve son repos !

« O Jésus, de plus en plus je déteste le monde ! je ne le connais pas, mais il se présente à moi comme un ennemi pernicieux. Les quelques petites réunions ou sauteries d'enfants auxquelles j'ai été cet hiver ont achevé de me convaincre que jamais je ne trouverai le bonheur là... Non, non, je le sais bien et vous le savez aussi, Jésus, mon bonheur à moi est au pied du tabernacle. Faites que je continue à ne le point trouver ailleurs et que je n'aille dans le monde que forcée par le devoir. Alors, ô Jésus, vous pourrez compter cet acte comme un de mes plus grands sacrifices. »

« Je crois que cette journée de retraite m'a été très utile, ne serait ce qu'en m'apprenant à supporter les contrariétés... J'en ai eu de toutes sortes et, Dieu soit loué, je les ai acceptées comme je devrais le faire toujours, en souriant. — Le soir seulement, j'ai pris une figure un peu sombre, et je me suis même permis de me plaindre légèrement de ce que je ne trouvais pas autant de consolation parmi les ANCIENNES qu'au Pensionnat. J'en ai bien regret ! du reste, j'ai demandé pardon à Jésus avant de me coucher et je lui ai tout offert. Merci, Seigneur, de cette journée ! »

« Depuis que j'ai été me confesser, la plus douce paix règne dans mon cœur... Jésus m'a découvert un nouveau côté de mon âme, un point faible que je connaissais déjà, mais que je n'avais pas vu comme je le vois ce soir, que je n'avais pas cru exister si réellement : mon orgueil. Ce ne sont pas mes actions qui sont orgueilleuses, ce sont mes pensées. Souvent je me trouve meilleure que les autres, que je n'aurais pas dû juger, ou je pense qu'on doit me trouver bien pieuse, bien douce, etc... toutes sortes de vilaines pensées comme celles-là... ô Jésus !...

« Donc, je m'effacerai toutes les fois que je le pourrai pour faire ressortir les autres, et cela non seulement dans mes actes, mais dans mes pensées. »

Août. — CORRESPONDANCE ET JOURNAL. « Je vous écris l'âme tout embaumée des parfums de vertu qui s'exhalent de la vie de Marie-Louise Frossard. Quel ange d'amour, d'humilité, de renoncement, de zèle ! Chaque ligne que je lis ajoute à ma confusion. Je sens mon ambition croître de jour en jour... Et moi aussi, je veux aimer mon Jésus-Eucharistie, mon trésor, mon tout !.. Moi aussi, je veux le faire aimer, souffrir pour Lui, lui prouver que je l'aime ! Oh ! que c'est beau d'aimer Jésus sans réserve, sans partage... de l'aimer pour Lui seul et de n'aimer que Lui !...

« Voyez-vous, depuis quelque temps, il se passe en moi toutes sortes de choses, rien d'extra-ordinaire, soyez-en sûre ; mais, depuis mon entrée dans la vie de famille, depuis que je communie si souvent, je réfléchis bien sérieusement : il me semble que la voix de mon Jésus devient plus forte et qu'elle parle plus clairement à mon cœur. Je sens le besoin de me débarrasser de tous mes affreux défauts et particulièrement de ceux que Jésus se plaît à me révéler lui-même, mon amour-propre surtout, qui voudrait toujours me voir approuvée, louée, préférée. C'est un ennemi bien terrible que celui-là !.. »

JOURNAL. — « Il y a longtemps que je connais ce défaut, mais plus j'avance dans la vie, plus il me paraît détestable. Ce matin, dans ma communion, j'en étais tout anéantie devant Jésus : Lui, si humble !.. moi, tout le contraire !... Mais, dans sa bonté, Notre-Seigneur me consolait : « Mon enfant, ne te trouble pas ainsi en face de ta faiblesse, je suis avec toi ; quand il te vient une pensée d'orgueil, détourne ton esprit sans gêne apparente, sans contrainte, et, si elle te poursuit malgré toi, reste calme quand même, tu n'es pas coupable. » O mon Jésus bien-aimé, merci de ce divin enseignement... Je me rappellerai souvent la résolution de ma dernière retraite : *m'effacer toujours pour faire ressortir les autres*, et j'aurai constamment à l'esprit cette devise que vous m'avez dictée ce matin : « Toujours la première à la peine et la dernière à l'honneur. » Oui, la première à la peine ! quand il y a à rendre quelque petit service ennuyeux, difficile, gênant, qu'il soit mon partage ; je le ferai joyeusement, avec grande simplicité et amabilité.

« La dernière à l'honneur ! » après une bonne action, un devoir bien accompli, ne pas m'en rapporter la gloire, ni chercher à m'en attirer des louanges... n'en pas parler ; s'il est possible de le faire servir à la gloire du prochain, ne pas manquer l'occasion ; sinon, dire au fond de mon cœur : Honneur, amour, louange à Jésus ! »

... « Par une de ces mille attentions que je

reconnais chaque jour en Vous, ô Jésus, vous
m'avez placée au milieu du bien : tout, autour
de moi, respire votre amour, tout me parle de
vous. Je veux vous prouver ma reconnaissance,
parler de vous, moi aussi, à tout et à tous, par
ma conduite irréprochable, par mon amabilité...
je ne suis pas assez prévenante : j'ai toujours
de bons désirs, de bonnes intentions, mais, quand
vient l'occasion, je la laisse passer.

— Je ne veux plus agir de la sorte : depuis
quelque temps, j'ai trouvé le *par où* : ce sont mes
communions qui deviennent de plus en plus fré-
quentes... O mon Jésus, je vous aime ! je vous
aime ! Soyez pour moi toujours le seul bien
véritable, je sens que nul autre que vous ne peut
me satisfaire. Le monde ne me tente pas, je le
déteste...

— *Le lendemain.* — « Je relis ce que j'ai
écrit hier et toutes mes expressions rendent si
faiblement ce que je voulais dire, que je ne con-
tinuerai pas aujourd'hui. Je constate une fois de
plus qu'il est des choses si intimes et d'un ordre
si élevé et si délicat que jamais langage humain
ne saura les exprimer.

— « Vous savez bien, mon bon Jésus, qu'en

me consacrant à votre divin Cœur, le 7 décembre 1880, je m'offrais à vous pour réparer les outrages qui vous sont faits dans l'adorable Eucharistie. Je renouvelle cette promesse : ne m'épargnez donc plus, ô mon Bien-Aimé ! Je ne suis qu'imperfections, mais telle que je suis, je me livre à Vous ; prenez-moi, cachez-moi dans votre Cœur sanglant et outragé, humiliez-moi, abaissez-moi, contrariez ma volonté, faites-moi souffrir ou plutôt apprenez-moi à souffrir, car sans vos divines leçons, je ne puis rien !

« Je vous aime ! je vous aime, ô mon Jésus-Hostie ! Faites-moi la grâce de vous aimer toujours davantage et de trouver toujours en Vous la force nécessaire pour mourir à moi-même.

— « J'arrive de ***, on m'a fait jouer du piano et j'ai encore eu des pensées de vanité ! Il est vrai que je les ai repoussées de mon mieux, mais, si je les ai eues, qu'est-ce que cela prouve? que je n'ai pas encore vaincu ce terrible amour-propre. O Jésus, je suis une petite ambitieuse..... je voudrais déjà la victoire et j'ai à peine combattu..... je me reconnais encore là... Je sais pourtant bien que je ne suis rien, que je ne mérite rien, pas même la grâce de vous aimer. Ayez donc pitié de votre petit rien qui ne peut

vous offrir que son néant, mais qui vous l'offre
sans réserve !

— « O Jésus, mon bonheur, ma vie, mon
unique désir... Jésus qui, depuis ma première
communion, m'êtes devenu indispensable, je veux
vous aimer à tout prix, avant tout et par-dessus
tout ! O vous qui, ce matin encore, reposiez sur
mon pauvre cœur avec tant de tendresse et de
compassion malgré mon indignité, donnez-moi
votre amour ; je ne veux pas vous aimer en
égoïste, pour moi et pour mon bonheur ; je veux
vous aimer pour Vous seul, parce que vous êtes
digne de tout amour ; et, pour fruit de cette
communion, je m'efforcerai d'être charitable,
douce, bonne, affectueuse pour tous ceux qui
m'entourent, afin de vous faire aimer, Vous,
Jésus vivant en moi..... O mon Bien-Aimé, je
m'abandonne à votre bon plaisir, je veux être
votre jouet, votre petite esclave chargée d'expier
ses péchés et ceux du monde entier.

— « Encore des défaites, des vivacités, des
disputes avec X. Combien cela me fait sentir ma
faiblesse ! oui, je vois bien que par moi-même
je ne puis rien... et j'ai encore de l'amour-propre ! Pardon, ô mon Dieu, j'accepte l'humilia-

tion que j'en éprouve pour obtenir l'esprit de pénitence et d'humilité.

Septembre. — « Aujourd'hui, il y a un peu de mieux ; cependant je constate quelques paroles désagréables dites à X. Que je suis donc peu charitable ! Je sais les petits défauts de son caractère et je ne cherche que l'occasion de les lui faire sentir !... Si l'on faisait ainsi ressortir mon amour-propre ou mon peu de prévenance, tout se révolterait au dedans de moi : pourquoi donc traiter les autres comme je ne voudrais pas être traitée ?

« O Jésus, ayez pitié de moi ! C'est le seul cri qui puisse s'échapper de mon âme ; du moins je veux que mes défaites, mes sottises, mes non-succès me servent à acquérir l'humilité. »

On pourrait multiplier sans fin les citations, mais celles qui précèdent suffisent à montrer le généreux et saint acharnement de cette enfant de seize ans dans sa lutte contre elle-même.

9 septembre, ANNIVERSAIRE DE SA NAISSANCE. — « Ma dix-septième année est commencée. Quel sujet de méditation que cette rapidité du temps

et cette succession des jours et des années qui
rendent si précieux chaque moment de notre
vie !

« Voilà déjà seize ans que je suis sur la terre ;
et ces années ont passé comme l'éclair. C'est
ainsi que s'écouleront celles qui me restent
à vivre... Voilà seize ans que Jésus me traite en
enfant gâtée ; que lui ai-je donné en retour ?
ingratitude... vivacités de caractère... amour-
propre... Il est temps que je commence sérieusement ma vie de pénitence et de zèle, ma vie de
soldat et d'apôtre de Jésus-Christ !... Je vous
renouvelle, ô mon Dieu, les engagements de mon
baptême, je me livre à vous de nouveau pour
toujours !

« Seize ans !.., je ne retrouverai plus ces premières années de ma petite enfance passées au
foyer paternel... ces années de pensionnat qui
ont vu mes premières émotions, mes premières
joies, mes premières larmes de bonheur..... cette
année de ma première communion qui me vit
si heureuse..... ce jour mille fois béni qui me
donna Jésus-Hostie... ces dernières années de
pensionnat qui mirent le comble à mon bonheur
en me le faisant apprécier et dont il ne me reste
qu'un souvenir (souvenir impérissable, il est vrai) ;
tout cela est passé pour jamais... Tout change...

tout cesse... tout passe... si ce n'est vous, ô mon Dieu, qui êtes éternel et immuable !...

— « O néant des choses humaines !... monde frivole et pervers, tu n'es pas fait pour moi !... Je suis encore bien jeune et ma vocation m'est encore inconnue ; mais ce que je sais bien, c'est que le monde n'est pas fait pour captiver mon affection. Je n'y entrevois que haines, rivalités, jalousies, mensonges... trouble et inquiétude..... Peut-être plus tard s'offrira-t-il à moi sous des formes séduisantes ; peut-être me montrera-t-il honneurs... jouissances... plaisirs ?... O mon Dieu, ce n'est pas tout cela que réclame mon cœur..... ; un regard sur mon crucifix... et mon choix est fixé ! J'aime mon Sauveur mourant pour moi, j'adore sa tête couronnée d'épines, son cœur blessé d'amour. Oui, je vous aime, ô Jésus, j'aime votre gloire, mais surtout vos souffrances, et, quelle que soit la voie que vous m'indiquiez, je la suivrai.

Novembre. — « Que se passe-t-il en toi, ô mon âme ? Pendant cette visite à ***, tu t'es sentie troublée... et pourquoi ? c'est qu'il s'est élevé en toi le désir de plaire. . tu t'es demandé : Comment me trouve-t-on, que pensera-t-on, que dirat-on de moi ? Et le trouble de l'amour-propre t'a envahie. O mon Jésus, plutôt mourir à vos pieds que de m'arrêter à ces vaines recherches ! peu m'importe ce qu'on pense de moi..... peu m'importe de plaire au monde, pourvu que je m'efforce de vous plaire ! mon cœur est à Vous, à Vous seul, et rien ne saurait le séparer du Vôtre. Gardez-le bien près de vous, afin qu'il puise à la source de l'amour le feu qui embrase et qui purifie.

Février 1884. — « L'appel de mon Jésus devient de plus en plus pressant !... à chaque instant, je l'entends me dire : « Mon enfant, « depuis le jour si doux de ta première commu- « nion, je me donne à toi sans réserve ; que me « donneras-tu en échange ?... O ma bien aimée, « suis-moi... j'ai soif de ton cœur !... »

— Oui, mon Jésus, je vous suivrai partout où vous voudrez. Je ne veux pas d'autre maître que vous. Faites de moi ce qu'il vous plaira, parlez à votre petite servante, et, quoi que vous disiez, elle répondra : FIAT !

« A mesure que le monde m'apparaît davan- tage, je sens mon cœur s'en détacher, s'en dégoû- ter pour n'aspirer que vers vous, ô mon Dieu ! je sens mon âme se fermer de plus en plus du côté de la terre, et s'épanouir du côté du ciel !

« ..... Seigneur, vous me donnez des grâces. de choix, combien j'en suis indigne ! faites qu'au moins reconnaissant mon néant, je ne cherche pas à me prévaloir de vos dons. Je vous demande un zèle toujours croissant, je veux vous faire connaître, aimer, servir... vous gagner tous les cœurs qui s'approcheront du mien... Mais préservez-moi de l'amour-propre. Que par votre grâce, je sache toujours distinguer le désir de me faire valoir du désir d'édifier. Que je prêche par l'exemple sans recherche de moi-même.

Lettre à une amie. — « J'espère aller à Saint-Aignan le 11 mars pour la solennité de saint Thomas d'Aquin. Que je serais heureuse de vous y rencontrer ! mais, si Dieu permet de nouveaux obstacles à notre réunion, c'est que tel est son bon plaisir et que, par conséquent, tel doit être le nôtre... Oh ! qu'il est doux de pouvoir lui dire : « Mon Dieu, votre volonté est la mienne. » Cela change bien des larmes en joie et cette joie-là vaut bien le plaisir sacrifié... Tenez, ma chère X, puisque nous en sommes sur ce sujet, laissez-moi vous dire combien, en ce moment surtout, j'ai occasion de comparer le plaisir à la joie.

Depuis plus d'un mois, à Orléans, on n'entend parler que de bals et de réunions de toutes sortes. Vous le savez, je ne vais pas encore dans le monde ; mais croyez-vous que le plaisir que les mondains prétendent trouver dans leurs fêtes soit comparable à mon bonheur? Oh ! non, vous avez trop goûté cette joie intime de l'âme pour en supposer une autre qui l'égale.

« Lorsque le soir, au moment de me coucher, j'entends circuler les voitures des personnes qui se rendent au bal, je suis heureuse de me trouver seule dans le recueillement de ma petite chambre, aux pieds de mon crucifix. Là, je console notre bon Jésus des offenses qu'on lui prodigue, je le remercie de m'avoir appris à discerner le vrai bonheur ; je le remercie pour vous, pour moi, pour tous ceux qui ne pensent pas à le faire...

« .... Ah ! croyez-vous que ces cinq minutes devant Jésus crucifié qui inonde mon âme de bonheur ne soient pas mille fois plus précieuses qu'une nuit entière de plaisirs sensuels et souvent coupables? Pendant ces jours des Quarante-Heures, unissons-nous pour dédommager Notre-Seigneur de tous les outrages dont il est l'objet dans son Eucharistie. Prions ensemble pour ceux qui ne prient pas, aimons pour ceux qui n'aiment pas, souffrons pour expier leurs fautes et les nôtres..... Et puis, n'oublions pas de lui témoigner notre humble reconnaissance. Qu'avons-nous fait après tout pour mériter les grâces dont il nous a prévenues ? Par quoi avons-nous acheté l'éducation de choix que nous avons reçue dans notre pensionnat et une foule d'autres bienfaits particuliers à chacune de nous ?

Mars. — « Mon Dieu, mon Dieu, entendez ma prière ! retirez-moi du monde... je ne puis vivre dans cette atmosphère terrestre, je ne puis trouver de repos hors de vous... Ici-bas, tout m'est étranger. Que je l'ai senti, ce soir, cet attrait puissant, irrésistible vers mon Bien-Aimé ! Avec quelle tendresse je l'ai entendu me dire : J'ai cherché un endroit pour reposer ma tête et tu m'as donné ton cœur. Viens maintenant reposer sur le mien et te consumer en moi.

Avril. — « Sursum corda ! en haut mon pauvre cœur, que rien ne te retienne. Monte, monte toujours, Dieu te veut à Lui seul, il t'appelle, il t'attend... c'est pour aller à Lui qu'il t'a donné des ailes !...

Lettre à une amie. — « Vous me mettez au courant de votre vie la plus intime, vous me dites vos craintes, vos désirs, vos défaillances même...

j'en suis confuse. Souvent, en vous lisant, je m'arrête et me demande : Est-ce bien à moi que cela s'adresse ? je suis si faible moi-même et si peu à la hauteur de telles confidences !

« Et puis, vous me demandez des conseils, vous me remerciez du bien que vous font mes lettres... Oh ! ma chère X, ne voyez pas en moi autre chose que ce que je suis : l'instrument très faible et très imparfait de Celui qui vous fait du bien. Lui seul mérite toutes nos actions de grâces, et, s'il daigne quelquefois se servir de nous comme de petits apôtres, nous ne devons pas oublier notre néant. Il ne sera donc plus question de remerciements dans vos lettres ; vous vous adresserez au Jésus qui est seul digne de reconnaissance et d'amour, c'est une affaire entendue.

« Et maintenant, je vous quitte, de peur d'être trop insupportable à mes petites sœurs qui trouvent ma correspondance un peu longue.

— « Voici les vacances de Pâques ! Au milieu de la dissipation et de l'agitation extérieures qui vont m'envahir pendant ces vacances, je ferai en sorte de conserver mon recueillement — un recueillement profond, mais sans contrainte, c'est-à-dire qui ne m'empêche pas d'être aimable, gaie avec tous ceux qui m'entourent ; en un mot, je servirai Dieu d'abord, et ma pensée habituelle sera avec Lui au fond de mon cœur ; le monde ensuite, dans la mesure du nécessaire et avec l'intention de plaire à Dieu seul.

... Plus les créatures s'attacheront à moi, plus elles me donneront d'estime et d'affection, plus je veux m'en détacher pour n'aspirer qu'à vous seul, ô mon Dieu.

28 avril, pèlerinage à Montmartre. — « Pour éviter toute distraction, toute apparence de dissipation pendant le trajet, afin d'arriver dans le cœur de mon Jésus bien pure et bien recueillie, je prends la résolution de ne chercher ni à voir, ni à être vue. J'observerai cette pratique pendant tout le cours de la journée, me rappelant aussi que je dois m'effacer toujours et chercher à n'être comptée pour rien.

29 avril. — « Mon Dieu, merci ! Votre Eucharistie et les âmes, c'est ma passion !

Mai. — *Lettre à ma tante*. — « ... Quant aux petites imperfections dont vous me parlez, il ne m'en reste pas seulement quelques-unes, mais tout un monde. Chaque jour, à chaque instant, j'en découvre de nouvelles. Notre-Seigneur me les montre petit à petit et avec une si tendre compassion que je n'ai point eu la pensée de me décourager. Ne vous inquiétez donc pas, car si tout cela m'humilie et me montre de quoi je suis capable, du moins je ne m'en effraie pas : vous m'avez trop bien prévenue qu'il en serait ainsi...

« Je ne vous ai jamais dit la grande faveur qui m'a été accordée dernièrement ; j'ai été tellement confuse en l'obtenant que je n'ai pas osé vous l'annoncer : je fais la sainte communion trois fois par semaine ! Vous le voyez, j'ai besoin de bonnes prières pour m'aider à répondre généreusement aux bienfaits de Notre-Seigneur..., pour le gâter, puisqu'il me gâte ; aussi je compte bien sur vous. »

Juin. — *Encore à sa tante.* — « X. m'a confié ses incertitudes au sujet d'un projet d'avenir. Si je vous disais que je ne puis retenir mes larmes en pensant qu'il me faudra aussi passer par là, qu'un jour mes parents me questionneront et qu'il faudra bien répondre ! Mais ce n'est pas raisonnable, n'est ce pas ? Mon Jésus me parle trop clairement pour que je puisse ne pas le comprendre. Depuis quelque temps surtout, me donner à Lui seul n'est plus un désir, c'est un

besoin pour moi. Je voudrais pouvoir le faire
tout de suite, je sais bien qu'il n'y faut pas
songer, mais je suis à Lui intérieurement dès
maintenant. Il me gâte toujours, j'espère pourtant qu'il finira par m'accorder quelque petite
souffrance. Je serais si heureuse de lui prouver
mon amour ! »

Sa prière va bientôt être exaucée. Cinq jours
après, elle écrit dans son journal :

« Merci, mon Dieu, de la petite épreuve que
vous m'envoyez ; je ne puis plus prier, mes
méditations sont froides ; à vos pieds je ne trouve
plus un mot à dire ; dans votre cœur je reste
muette. Vous vous cachez, Seigneur Jésus, mais
je saurai bien vous trouver. Je veux vous aimer
et vous être fidèle d'autant plus que je vous
sens moins. »

Notes de retraite. — 22 *juin.* — « Me voici
seule avec Dieu seul ! Je surabonde de joie et de
reconnaissance : il fait si bon dans le Cœur de
Jésus ! J'aime tant aussi à me retirer dans la
solitude de mon cœur et à me dire : « Dieu est
là ! » Je vais faire cette retraite en union avec
toutes mes compagnes, me rapprochant davantage dans mes prières et mes pensées de celles
qui s'y sont le moins bien préparées, priant et

méditant pour celles qui font une retraite *déci-sive* et pour les premières communiantes, Henriette (sa seconde sœur) en particulier. — J'offre ma retraite à Notre-Seigneur pour les intentions qui me sont si chères : l'Eglise, la France, les âmes. Je m'efforcerai pendant ces trois jours de témoigner à Dieu un peu de reconnaissance pour tous les bienfaits reçus dans cette maison bénie de Saint-Aignan. Puis je renouvellerai souvent l'offrande de toutes mes actions, pensées, paroles, peines et joies, en réparation des outrages faits au Saint-Sacrement.

« Comme fruits de retraite, je me propose d'obtenir l'humilité et l'esprit de pénitence. »

23 juin. — Anniversaire de ma réception d'Enfant de Marie. — « Je reviens du confessionnal. Avant de m'y rendre, j'avais vu Mère Supérieure et nous avons parlé ensemble de ce que je n'avais jamais osé dire à personne : j'exprime si mal ce que je sens si fort !... Mais je ne puis écrire, je crois rêver... O mon Dieu, que mes larmes sont douces ! Je suis à vous, bien à vous, toute à vous seul ! Est-ce possible ? Mais oui. Mère Supérieure, me voyant très émue, me conseilla de m'en ouvrir à mon confesseur, ce que je n'avais jamais fait. En la quittant, je vais au confessionnal ; par une permission providentielle, j'y suis reçue, quoique l'heure soit passée. Quand j'en suis sortie, tout était fait. Jésus m'avait répondu par la bouche du prêtre. O mon Dieu, je n'en puis plus ! c'est trop d'émotions à la fois... Mon cœur déborde, il va se briser ! Vous m'aimez, je vous aime !... Quelle journée ! Non, je ne m'attendais pas à cette joie, à ce bonheur ce soir. *Deo gratias.* »

24 juin. — « C'est donc bien vrai ! Hier soir, les larmes m'étouffaient, j'étais perdue en Celui qui m'enivrait de joie ! C'est ainsi que Marie a voulu marquer l'anniversaire de ma réception dans sa Congrégation. Ce matin, je suis calme, je goûte un bonheur si suave, si intime que je ne puis l'exprimer... — On dit que Dieu se sert de voies différentes pour conduire les âmes, c'est vrai ! Quand je regarde cette pauvre X..., que depuis longtemps sa famille presse de prendre une décision, quand je l'entends me dire qu'elle ne se doute pas encore de la réponse définitive que va lui donner après-demain son confesseur, je suis tentée de m'étonner et de me demander pourquoi Dieu agit si différemment envers elle et envers moi. Mais tout ce que Dieu fait est bien fait : aux uns, il donne sa lumière (peut-être quand il voit qu'ils sont trop faibles pour s'en passer) ; aux autres, il demande un aveugle abandon, une soumission complète ; c'est le secret de sa Providence... que sa sainte volonté soit bénie! »

Même jour. — « Je dois me préparer à ma vocation. Jusqu'ici, qu'ai-je fait? Hélas! bien peu en comparaison de ce que j'ai reçu. Que de faiblesses !... où en suis-je sur la voie du renoncement? j'ai fait bien des efforts, à la vérité, mais qu'est-ce que cela? Désormais il me faut une lutte acharnée, un combat sanglant au besoin, la mort à moi-même. Ma croix, où est-elle ?... je n'ose pourtant, Seigneur, vous demander des épreuves, je suis si faible quand elles se présentent! mais je serais heureuse que vous me les donniez vous-même, parce qu'alors vous seriez bien obligé de les proportionner à ma faiblesse ou de me donner la force de les recevoir. Ainsi, c'est convenu: je ne vous demande rien, mais vous connaissez mes désirs et vous m'apprendrez à porter ma croix. »

26 juin. — *Clôture de retraite.* — « Ce n'est pas sans émotion que, la main sur l'Evangile, aux pieds du Crucifix, j'ai renouvelé les promesses de mon baptême et de ma première com-

munion. Je disais à Notre-Seigneur : « Mon
« Dieu, je vous donne mon cœur ; en échange,
« donnez-moi votre croix... apprenez-moi à souf-
« frir ! » et Jésus me répondit bien bas, mais
bien fort : « Amour et sacrifice... dès demain, tu
« commenceras... »

— Oui, Seigneur, dès demain... j'ai compris
et je tâcherai d'être si gaie, si aimable, qu'on
croira que je n'éprouve que de la joie. »

A l'époque de cette retraite, la chère enfant,
dont on a pu déjà suivre les ascensions dans la
vie spirituelle, rédigea le petit code de pénitences que nous allons transcrire :

PETITES PRATIQUES DE PÉNITENCE

QUE JE PUIS M'IMPOSER

SANS NUIRE A MA SANTÉ NI ATTIRER L'ATTENTION

A relire souvent

Règle générale. — Quoi qu'il m'arrive, ne
jamais me plaindre — avoir pour principe cette
maxime : Tout souffrir et ne rien faire souffrir.

1

Ne rester au lit que le temps nécessaire à mon
repos. — Me lever aussitôt qu'on m'éveille, sans
rien accorder à la mollesse, surtout en hiver.

2

Dans mes repas, ne jamais rien demander — accepter ce qu'on m'offre, sans aucune distinction. Si on m'oublie, garder le silence. — Si j'ai grand' faim en arrivant à table, faire en sorte de commencer la dernière. — Choisir de préférence ou prendre plus abondamment des mets que j'aime le moins ; me priver, au contraire, en tout ou en partie de ceux que je préfère. — Ne jamais ajouter d'assaisonnement à un mets trop fade. — Ne jamais prendre ni vins fins, ni liqueurs, ni café. (Si on le remarque, répondre simplement que je n'y tiens pas.) — Ne pas manger entre mes repas (sans affectation).

En été, ne pas me plaindre de la chaleur. — Ne jamais boire entre mes repas.

Pour goûter : me priver habituellement de boire du vin ; mais, chez les autres, prendre ce qu'on m'offre. — Le vendredi, me contenter d'un peu de pain sec ; tâcher même de le faire plus souvent. (Pendant le Carême, ce sera au moins trois fois par semaine.)

3

En hiver, ne pas me servir d'eau chaude pour ma toilette.

4

Ne pas décacheter immédiatement une lettre très désirée.

5

Quand je m'assieds, choisir le siège le moins confortable.

6

Baiser souvent la terre en esprit de pénitence, quand je suis seule ou loin des regards.

7

Ne pas porter de bijoux, c'est-à-dire le moins possible.

8

Me priver de temps en temps d'avoir des fleurs dans ma chambre.

9

Si je me réveille pendant la nuit, me lever un instant et baiser la terre en esprit de pénitence.

10

En hiver, me lever et m'habiller sans feu, tant qu'on ne m'imposera pas le contraire.

11

En été, me priver d'ouvrir ma fenêtre le matin avant de quitter ma chambre.

12

Me priver quelquefois de chanter en allant et venant.

13

Me priver quelquefois aussi de jouer du piano quand il ne s'agit que de ma satisfaction personnelle.

14

Garder mes épingles à cheveux la nuit afin de trouver mon oreiller moins doux.

15

Souffrir en silence les petites misères accidentelles que Notre-Seigneur m'envoie, telles que maux de tête, engelures, etc., ne pas trop chercher à les soulager.

16

Accepter en esprit de pénitence la petite infirmité morale que j'ai d'être peureuse ; m'efforcer de n'en faire souffrir personne, et offrir comme autant de petites mortifications les ennuis ou petites humiliations qu'elle peut m'attirer.

17

Savoir me priver d'un regard, d'une question qui n'aurait d'autre but que de satisfaire ma curiosité.

18

Interrompre de temps en temps une occupation qui m'attache.

19

Ne jamais rien réclamer des domestiques en dehors de leur service habituel. Trouver bien tout ce qu'ils font pour moi et saisir avec empressement l'occasion de me servir un peu par moi-même. (M'humilier intérieurement de me laisser ainsi servir.)

20

Offrir en esprit de pénitence la grande réserve que je suis obligée de garder par obéissance dans mes mortifications.

———

Ce règlement, soumis à qui de droit, ne fut pas autorisé entièrement: on crut plus sage d'en retrancher quelques articles, notamment le neuvième.

A la suite, il est bon d'en placer un second, également composé par Yvonne, pour une autre jeune fille du monde.

PETIT RÈGLEMENT DE VIE

1

Je me lèverai à six heures et demie en été et à sept heures et demie en hiver, jamais plus tard que neuf heures, lorsque j'aurai été dans le monde la veille.

Je ne consacrerai que trois quarts d'heure à ma toilette; avant de quitter ma chambre, je ferai avec recueillement et à genoux ma prière du matin, suivie de dix minutes de lecture réfléchie. Je dirai aussi tous les jours au moins une dizaine de chapelet et ma consécration à la Vierge Marie.

2

Je me surveillerai sur mes lectures, je m'efforcerai de ne jamais ouvrir par simple curiosité un livre douteux, et je ne lirai plus jamais au lit, ni le matin, ni le soir.

3

Je tâcherai aussi de ne passer aucune journée sans m'être occupée de quelque chose de sérieux.

4

Je ne passerai pas plus d'un mois sans me confesser, que je sois bien ou mal disposée.

5

Je relirai de temps en temps mon règlement et, si je n'y suis pas fidèle, je prierai la sainte Vierge afin de ne pas me décourager.

———

La différence de ce règlement avec le précédent montre à quel point Yvonne comprenait déjà que Dieu ne demande pas de toutes les âmes une même perfection, et que, dans les pratiques, dans les sacrifices qu'on leur propose, il faut sagement tenir compte de la voie où chacune est destinée à marcher.

Revenons au journal.

Lundi, 30 juin. — « Avant-hier, maman m'a menée visiter l'Exposition ; j'ai fait tout mon possible pour être aimable et avoir l'air de m'y intéresser, mais j'ai peur d'avoir bien mal réussi. Pauvre maman ! elle est si bonne que, bien sûr, elle y allait pour mon plaisir... et, malgré moi, je ne trouve aucun goût à voir ni à être vue... j'aime par-dessus tout le silence et la solitude. — Une multitude de tableaux, d'objets d'art étaient sous mes yeux ; mais, en dépit de mes efforts, je ne pouvais leur accorder qu'un regard distrait. Cependant j'aime les belles choses...

seulement, il faut qu'elles se rapportent à Dieu, auteur de tout bien.

« Il y avait un peu de monde avec nous, mais le bruit des visiteurs que nous croisions ne couvrait pas la douce voix du Bien-Aimé qui parlait en moi. C'est vers lui que se dirigeaient tous mes regards, toutes mes pensées, toute mon attention... et rien, non, rien ne pouvait m'en détourner. Je suis ainsi faite, tout ce qui est du monde ou ressemble au monde me dégoûte... Tout ce qui n'est pas Jésus ne m'est rien. »

13 juillet. — « O Marie, dites à mon Bien-Aimé que je languis d'amour ! Quand donc viendra le jour où je pourrai lui consacrer ma vie ? »

17 juillet. Lettre à sa tante. — « Vous rappelez-vous m'avoir dit un jour à propos de X... : « Entre vous deux, le bon Dieu a fait un choix, il a pris l'une et laissé l'autre : s'il avait fait le contraire ? » Cette pensée m'est revenue bien souvent depuis et, quoique je sois si indigne du choix de Notre-Seigneur, je suis sûre que je n'aurais jamais pu vivre s'il m'avait laissée !... — Depuis quelque temps, on parle un peu de me faire passer mes examens. Papa et maman n'en avaient pas fait le projet jusqu'ici, mais il paraît que l'on regarde cette chose comme utile dans une époque troublée, parce que le brevet peut mettre les jeunes filles à même de faire beaucoup de bien en cas de grands malheurs. J'ai l'âge voulu maintenant, mais la question ne me sourit pas du tout : laisser de côté mon cours d'histoire et de littérature, le piano, les arts d'agrément, pour m'acharner à l'arithmétique, aux dates, etc., moi qui aime si peu l'étude ! Enfin... je ne m'appartiens plus... je n'ai pas le droit d'avoir une volonté. Aussi je suis prête à tous les sacrifices, et, si Notre-Seigneur demande que je passe ces examens, je les passerai : avec Lui, je ferais l'impossible !...

« J'espère que vous allez bientôt m'écrire ; surtout parlez-moi de Notre-Seigneur ; il n'y a plus que cela qui m'intéresse. »

22 juillet. — *Journal.* — « Voici l'arrivée des vacances, c'est le moment de redoubler de vigilance et d'efforts sur moi-même. Je me dois tout entière à l'amusement de mes petites sœurs ; aussi je sacrifie d'avance mes goûts, mes désirs, ma satisfaction personnelle, pour ne songer qu'à leur faire plaisir. »

26 juillet. — « J'ai commencé à lire la *Vie*

réelle, par Mme Bourdon. Bien que ce livre me plaise beaucoup, j'y vois clair comme le jour que je ne suis pas appelée à ce genre de vie. Jamais je ne pourrai donner mon cœur à une créature. Dieu y a mis le besoin d'aimer et d'être aimé toujours... et dans ce monde, tout a sa fin, même l'amour. Oui, l'amour ici-bas est trop incomplet, trop court ; il me faut l'amour infini ! »

13 *août.* — *Lettre à sa tante.* « Soyez sûre que votre lettre ne m'a causé aucun embarras ; maman a la bonté et la délicatesse de ne jamais me demander les lettres qui me viennent de vous. Pauvre maman ! elle aurait peur d'y voir quelque chose qui confirme ses craintes. Les réflexions qui lui échappent quelquefois comme malgré elle me montrent bien qu'elle a vu au fond de mon âme ce que je prends tant de soin de lui cacher. La pensée que je pourrais lui être un sujet de tristesse est le seul nuage qui trouble mon bonheur. Merci de ce que vous me dites de l'Eucharistie. Oh ! si je pouvais dire, moi aussi ! mais je n'y arriverai jamais... c'est si beau l'Eucharistie, que je m'y perds ! »

19 *août.* — *A la même.* « C'est fini, nous ne viendrons pas à la cérémonie de profession !

« Il faut donc renoncer à ce beau projet, le plus doux rêve de mes vacances. J'en ai le cœur bien gros ; mais, puisque Notre-Seigneur demande ce sacrifice, je dis *Amen*, un *Amen* tout arrosé de larmes, il est vrai, ce qui me prouve que je tiens à mes désirs encore plus que je ne le croyais. Je m'en suis humiliée devant le bon Dieu ; après tout, il ne défend pas qu'on pleure, pourvu qu'on lui offre ses larmes. Du reste, Lui seul a su que j'avais du chagrin ; au dehors, j'ai pris gaiement mon parti, et maintenant je ne sais pas ce qui l'emporte, du regret de manquer la profession ou de la joie de pouvoir m'en priver... »

20 *août*. — « Je traverse une de ces phases pénibles de la vie spirituelle dont on m'a parlé quelquefois. Jésus semble m'abandonner. Je le cherche, je l'appelle, je ne le trouve plus. A ses pieds, je n'ai pas une parole à lui dire : méditations, visites au Saint-Sacrement, tout m'ennuie. Plus de recueillement, de saintes inspirations. Si je m'écoutais, je laisserais tout. Mais non, plus que personne, Jésus a souffert au jardin de l'agonie ; le ciel même le délaissait, et pourtant il a dit : « Mon Père, que votre volonté soit faite ! » Et je m'affaisserais sur moi-même, et je resterais là ! Oh ! non, tout ce que vous vou-

drez, ô mon Dieu ; vous pouvez frapper, briser, anéantir, je suis votre victime. Rien ne pourra me séparer de vous ; je vous ai béni dans les délices du Thabor, je vous bénirai encore sur le chemin du Calvaire, puisque vous daignez m'y conduire. »

Jeudi, 21 août. — « Je viens d'avoir la plus grande déception qui me soit jamais arrivée. Depuis dimanche, je soupirais après une nouvelle visite de Notre-Seigneur, dont j'ai tant besoin pour me fortifier. Ce matin enfin, j'assiste à la messe. Mon cœur bondit de joie à l'approche de son Bien-Aimé ; mais voilà qu'après l'élévation, perdue dans le bonheur de l'attente, je reste prosternée et, quand je relève la tête, le prêtre disait l'*Ite missa est* !... Etait-ce bien vrai ? la messe était-elle donc finie ? Je crus avoir rêvé, mais le prêtre lut le dernier évangile et quitta l'autel. Je fondis en larmes ; jamais je n'avais éprouvé un tel désappointement. Maintenant il faut attendre à demain, si je puis avoir la messe ! Oh ! que cette journée va me sembler longue ! »

9 septembre. — « Mes dix-sept ans sont accomplis ! Ce matin, dans ma communion, il m'a semblé que Notre-Seigneur me demandait : « Que

« veux-tu que je te donne aujourd'hui ? » Je lui
ai répondu : « Vous seul, ô mon Jésus, je n'am-
« bitionne que Vous, je brûle du désir de vous
« être unie à jamais. Oh! laissez-moi mourir !
« que cette année qui s'ouvre devant moi s'achève
« dans l'éternité ! Voilà mon plus ardent désir.
« J'avais rêvé une vie de sacrifice, de dévouement,
« de zèle... je voulais passer sur la terre en souf-
« frant avec vous, en vous gagnant des âmes,
« mais quelque chose de plus fort m'attire là-
« haut, je veux vous voir, vous aimer sans
« blesser votre amour. »

Lettre à sa tante. — « Il y a plus de deux
mois que je suis avec Notre-Seigneur comme un
morceau de bois ; oh ! c'est bien pénible, mais je
dis : « Mon Dieu, faites de moi tout ce que vous
« voudrez, je suis trop heureuse de partager
« votre croix ; vous avez beau m'abandonner,
« moi, je resterai là, je ne vous en aimerai que
« plus, et, avec votre grâce, je ne vous abandon-
« nerai jamais. » Quelquefois, cependant, je ne
peux même pas dire cela et je souffre bien
davantage. Alors il me semble que je partage le
délaissement du jardin des Oliviers, et, dans
mon bonheur de souffrir, je m'écrie : O mon
Dieu, merci ! encore ! encore ! »

— *A la même* — « Merci beaucoup du petit message qu'on vient de me remettre de votre part ; je voudrais bien y répondre tout de suite, mais il faut que je complète ma journée d'agitation extérieure en allant jouer à « La tour, prends garde. » Si Notre-Seigneur le préfère, c'est aussi ce que j'aime le mieux. »

1er *octobre.* — *Journal.* — « J'ai dit aujourd'hui à mon confesseur que j'avais bien souvent supplié Notre-Seigneur de me retirer de ce monde. Sa réponse me montra qu'il voyait là une témérité. Je restai tout interdite..... Une témérité à dire à mon Jésus que je l'aime et que je voudrais bien être avec Lui le plus tôt possible pour l'aimer davantage !... Je n'en revenais pas, c'est si naturel ! c'est un cri qui part de mon cœur presque à mon insu. Finalement, M. l'abbé X... m'a dit que je pouvais exprimer à Notre-Seigneur tout ce que je souhaite, à la condition que je sois prête à vivre aussi longtemps qu'il le voudra. J'ai bien promis un abandon complet. Comme j'allais quitter le confessionnal, le prêtre me dit cette parole qui m'enivra de joie en me confondant : « Je vous permets « de faire la sainte communion aussi souvent que « vous le voudrez. »

« O mon Jésus Bien-Aimé, je ne me sens plus vivre, vous m'ouvrez le ciel sur la terre. »

16 *octobre.* — *Lettre à sa tante.* — « Je ne croyais pas que Notre-Seigneur pût devenir si dur !.. De plus en plus il m'abandonne à moi-même. Je n'ai plus ni force ni courage ! je fais mes exercices de piété par devoir, mais ils me paraissent trop longs. J'en suis même venue à m'ennuyer devant le Saint-Sacrement !... Oh ! si vous saviez comme je suis triste dans ces moments-là !.. il se fait comme un grand vide autour de moi... j'ai beau supplier Notre-Seigneur, il ne me répond pas. Alors je me jette dans son divin cœur, j'y pleure tout à mon aise et je lui dis : Mon Dieu, tout ce que vous voulez, je le veux !

« J'offre cette épreuve pour les âmes, pour l'Eglise, pour la France, et je tâche d'en souffrir toute seule en ne laissant rien paraître au dehors.

« ..... J'ai fait bien des faux pas la semaine dernière, mais la sainte Vierge et mon bon Ange m'ont ramassée. »

A la même. — « J'ai renoncé de bon cœur à la petite pénitence dont vous me demandez le sacrifice (¹). Je l'aimais beaucoup parce qu'elle me coûtait beaucoup, mais je ne trouvais pas souvent l'occasion de la pratiquer. J'ai toujours pensé que, la nuit, ma meilleure prière est le sommeil, et c'est même une prière qui est fort de mon goût ! Seulement, je ne dors pas tout entière, mon cœur veille auprès du tabernacle, et je prie mon bon Ange d'en offrir chaque battement à Notre-Seigneur comme un acte d'amour.

« ..... Je suis de mieux en mieux traitée par Notre-Seigneur... je fais mes actions de grâces à tâtons, même mes actions de grâces ! Je crois que mon âme est devenue sourde-muette. »

Journal. — 11 *décembre.* — « Le ciel ! quel rêve délicieux ! vous aimer sans mesure, vous posséder pleinement, ô mon Dieu ! Ah ! si j'étais Jésus, que vite j'exaucerais les vœux de ma petite servante, tout indigne, toute pauvre qu'elle est ! En peu de temps je lui ferais souffrir, s'il le fallait, les épreuves de la plus longue vie, et je la délivrerais de son exil. »

17 *décembre.* — *A une amie.* — « Je souffre de vous sentir si privée pour vos communions.

(¹) Se lever pour prier un instant pendant la nuit quand elle s'éveillait.

Comme ces six semaines ont dû vous paraître longues ! Mais il y a toujours moyen de s'arranger avec le bon Dieu. Vous pouvez vous unir à Notre-Seigneur par la souffrance et par l'acceptation de sa divine volonté. Vous ne sentirez peut-être pas autant de douceur et de consolation dans la communion du sacrifice que dans la communion sacramentelle, mais qu'importe que nous soyons heureuses et consolées, pourvu que notre Jésus le soit ! Et puis, par la souffrance, c'est toute la journée que nous pouvons communier. Oh ! que c'est beau, que c'est bon de souffrir ! »

Février 1885. — *Lettre à sa tante.* — « Je sors beaucoup avec maman, et nous sommes quelquefois si pressées par l'heure que la visite au Saint-Sacrement est écourtée ou omise... je la fais le long du chemin, puisque j'ai en moi mon tabernacle. »

12 *février.* — *Confirmation de sa seconde sœur.* — *Journal.* — « Pendant la confirmation, j'ai senti comme un renouvellement du Saint-Esprit en moi... Il m'a semblé que mon Jésus resserrait les chaînes d'amour qui m'unissent à Lui... qu'il m'attirait plus avant dans son Cœur...

qu'il me voulait plus pure, plus aimante, plus entièrement sienne... et je lui ai promis un redoublement de ferveur, d'amour, d'abandon, d'immolation...

«. Oh ! qu'il était beau, ce Jésus, dans son Eucharistie, au milieu de l'encens et des lumières !!! qu'il faisait bon le regarder, l'adorer, se perdre, se fondre en Lui ! Ces joies-là ne sont pas de la terre... c'est le ciel, c'est Jésus ! O mon Bien-Aimé, ayez pitié de votre petite fiancée... Son âme, pour s'élancer vers Vous, voudrait briser son enveloppe mortelle ! Oh ! laissez-la mourir, ou plutôt faites-la vivre de votre vie immortelle... »

Dimanche des Quarante-Heures. — « O mon Jésus, que je souffre de vos souffrances ! Vous seul voyez mes larmes... Ah ! si elles pouvaient répandre comme un baume sur vos plaies ! si elles pouvaient vous dédommager, je n'aurais qu'un désir : celui de les verser toute ma vie... O Jésus, votre amour me dévore... je voudrais posséder tous les cœurs de la terre pour vous les consacrer. »

Vendredi-Saint. — « Vous demandez des consolateurs : me voici, ô Jésus. Vous cherchez un endroit pour reposer votre tête : je vous offre mon cœur. Reposez-y votre front meurtri et ne craignez pas d'y enfoncer les épines de votre couronne, car j'ai soif de souffrir avec vous. Seigneur Jésus, je vous livre mes pieds, mes mains, mon corps, mon âme... disposez-en selon votre bon plaisir. »

12 *avril*. — « Tout va bien depuis le commencement des vacances de Pâques. Mes petites sœurs s'amusent beaucoup ; papa et maman semblent heureux de se voir entourés de leur petite couronne ; tous, nous jouissons de cette complète réunion. Pour moi, au milieu de ma joie se glisse souvent une pensée bien amère... cette famille chérie, il faudra la quitter. Un jour, il faudra dire adieu à ces parents tant aimés, m'arracher à leur tendresse... briser leur cœur. O mon Dieu, votre amour seul peut commander un si cruel sacrifice ! Que ne puis-je, du moins, concentrer dans mon âme tout le fiel de la sépation, sans déchirer les cœurs de ceux que j'aime !

« Mais non, il faudra que je souffre et que je *fasse souffrir*. Mon Dieu, vous le voulez ainsi : *fiat voluntas tua*. »

5 *mai*. — « Je suis bien triste ce soir : j'ai

blessé l'amour de mon Jésus. J'ai écouté la voix de mon amour-propre, de ma sotte vanité... J'ai pensé à moi au lieu de penser à Lui, j'ai cherché à plaire, à attirer l'attention, les regards, que sais-je encore? et, faut-il me l'avouer? ces sottes pensées m'ont poursuivie jusqu'à la chapelle! J'ai cherché à me mettre en vue... et cela, aux pieds de mon Jésus si caché, si humble!... O Jésus, je ne trouve pas une parole qui puisse exprimer ma confusion, ma douleur, mon regret! Je savais bien pourtant que je ne suis rien, que je ne mérite rien, et que ma vraie place doit être toujours la dernière, la plus obscure. — Je suis indigne de votre tendresse et de vos regards, mais, telle que je suis, je me livre à vous. A votre bonté de me changer, de me refaire. »

Ascension. — « La pensée du ciel me poursuit sans relâche... là-haut sont mes désirs, mes espérances, mon amour et ma vie, puisque là-haut est mon Jésus! Donnez-le moi, Seigneur, ce beau ciel où j'aspire,.. le ciel pour vous voir... le ciel pour vous posséder... le ciel pour vous aimer au delà de toute expression, sans mesure, sans limite... pour vous aimer éperdùment, comme il est impossible d'aimer sur la terre... le ciel pour être toute vôtre et ne jamais vous quitter... »

Retraite 1885. — « Seigneur Jésus, si je suis infiniment méprisable, n'oubliez pas que vous êtes infiniment bon...

... J'ai besoin de souffrir pour Notre-Seigneur, j'ai soif de mortification... j'ai besoin de faire mourir la chair, je voudrais m'affranchir du joug de la nature, afin de m'élever plus librement au-dessus des choses de la terre.

... Si je pouvais avoir un petit instrument de pénitence, quelque chose que je puisse porter sur moi sans que personne pût le découvrir ?... Ce désir de mortification me poursuit sans cesse... je voudrais donner mon sang et ma vie à Notre-Seigneur. »

Après une méditation sur Notre-Seigneur compatissant et bienveillant pour tous. — « O Jésus, plus je vous vois, plus je vous aime, et plus je vous aime, plus je voudrais vous aimer. Faites donc que je vous porte à tous tel que vous vous montrez à moi ; faites que je vous reflète, que je vous répande, que je devienne *Vous !* »

Tous ceux qui l'ont connue savent, tandis qu'elle l'ignorait, à quel point elle réalisait ce programme. Mais ce que Dieu seul voyait, c'était la lutte incessante qu'il lui fallait livrer

contre elle-même et qui lui arrachait des cris
tels que celui-ci : « Oh ! si vous saviez comme
par moments je me sens lasse d'aller toujours en
sens inverse de la nature, et comme je suis tentée
de laisser là tout effort et de me satisfaire ! (¹) »

15 août. — *Journal.* — « Ce matin, je me disais : Voilà peut-être la dernière fête de l'Assomption que je vois sur la terre... O mon Dieu, si
c'était vrai, j'en mourrais de bonheur ! Quand je
pense à ce beau ciel... à Jésus... à ma Mère, il
me semble que je vais m'envoler... Souvent
même je m'envole, mon âme est fixée là-haut...
il se fait alors une grande lumière, je vois mon
Jésus tout rayonnant, tout ravissant, et si bon, si
bon !!! Il m'ouvre ses bras, il m'y presse... je le
contemple... je l'adore... je l'aime... et tout disparaît autour de moi... j'oublie même que j'ai
un corps, on dirait que mon cœur cesse de
battre... Alors je me dis : « Ne serait-ce pas là
ce qu'on appelle mourir ! » Mais cela ne dure
qu'un instant, bientôt il faut redescendre dans la
prison de mon corps .. mon beau ciel se referme
et je me retrouve sur la terre... O Jésus, quand
serai-je délivrée de mon exil ? Quand verrai-je
disparaître toutes les créatures pour ne plus

(¹) Lettre à sa tante, juillet 1885.

voir que vous ?... O Marie, ma Mère, je voudrais vous suivre là-haut, emmenez-moi, je vous en supplie. Pourtant j'ai un autre désir, si telle est la volonté de Dieu. Maintenant que je connais la souffrance, je voudrais vivre pour souffrir. Je vous le confie aujourd'hui, emportez ce désir à mon Jésus, dites-lui que son enfant languit d'amour, qu'elle veut souffrir ou mourir ! »

A ces mouvements de l'Esprit-Saint qui l'emportaient si haut, succédaient bientôt les sécheresses et les obscurités les plus pénibles. Aussi, dès le 26 août, écrivait-elle à sa tante : « Vous me demandez si Notre-Seigneur me tient toujours rigueur ? Oui, je suis toujours dans le même état, c'est mon état habituel. De temps en temps, Notre-Seigneur fait une petite apparition ; il me montre *telle* chose qui lui déplaît encore en moi, *telle* autre qu'il aimerait à voir dans mon âme. Tantôt, c'est une action où s'est glissé un sentiment d'amour propre ; tantôt un désir qui m'attache et que je ne soupçonnais pas. Il me montre *où* j'ai mal fait... *où* j'aurais pu mieux faire, et puis, il se retire, et je me remets à l'ouvrage plus courageuse et plus forte. »

12 *septembre. — Journal. —* « O mon Dieu,

4

bénissez tous ceux qui me font du bien ; c'est
Vous qu'ils aiment en moi, comme c'est Vous
que j'aime en eux. Rendez-leur pour moi qui ne
puis leur rendre, et faites que jamais je ne leur
cause la moindre peine. Vous savez combien je
les aime, mais je vous aime encore mille fois
plus et, avec votre grâce, je suis prête à les
quitter ou à les perdre, quand votre bon plaisir
le commandera. »

4 novembre. — « Enfin, j'ai pu faire librement,
sans réserve, sans mesure, mon offrande à Notre-
Seigneur ! J'en ai reçu ce matin une permission
toute spéciale, et je me suis aussitôt offerte comme
une victime. J'ai fait d'avance l'acceptation de
toutes les peines, épreuves, humiliations, difficultés intérieures ou extérieures qu'il plaira à
Dieu de m'envoyer... et, en même temps, le sacrifice de toute jouissance, de toute satisfaction spirituelle et corporelle, de toute volonté propre...
cela dans l'intention de réparer et d'expier tous
les outrages qui sont prodigués à Notre-Seigneur
par les hommes.

CHAPITRE IV

Yvonne venait d'atteindre sa dix huitième année ; elle allait approcher de plus près ce monde tant redouté qu'elle n'avait encore fait qu'entrevoir. Ce qu'elle conseillera plus tard aux Enfants de Marie (¹) ne sera que l'expression littérale de la manière dont elle prit part aux réunions, soirées, bals, concerts, etc... auxquels la position sociale de ses parents l'obligeait d'assister. Il serait difficile de concilier à la fois plus de dignité et de simplicité, d'aisance et de réserve. Comme elle semble le dire quelque part, la Vierge Marie l'instruisait elle-même, lui donnant, dans son inconscience du mal, l'intuition des précautions à prendre.

« Yvonne avait, écrit une de ses cousines, ce mélange de bonne grâce et de discrétion qui fait

(1) Manuel des enfants de Marie du Pensionnat de Saint-Aignan, refondu par elle avec l'autorisation des Supérieurs.

la jeune fille distinguée. Elle se préoccupait fort
peu de sa toilette, et cependant on la trouvait
toujours mise avec goût et beaucoup mieux que
nombre d'autres qui attachaient plus d'importance à cette question. Son entrée dans le monde
la laissa fort calme ; les préparatifs de son premier bal, cette affaire d'état pour tant de jeunes
filles, furent peu compliqués. Elle s'inquiéta seulement d'être semblable à une de ses cousines :
c'était pour elle une question d'amitié, nullement
de vanité. »

« Je n'oublierai jamais, dit sa sœur Thérèse,
comment, avant chaque soirée où elle allait pour
faire plaisir à nos parents, elle récitait pieusement
le chapelet, calme comme aux jours ordinaires...
comment encore on pouvait lui faire mettre telle
ou telle toilette, la coiffer de telle façon qu'on
voulait... elle, toujours souriante, se laissait
faire et, sans avoir jeté à peine un coup d'œil sur
la glace, partait avec sa pensée fixe : plaire à
l'Époux de son cœur, sans se préoccuper du
reste...

« En ce qui concerne la toilette, rien n'eût été
capable de la déterminer à se départir des règles
de modestie qu'elle s'était imposées. Pour couper court aux insistances d'une ouvrière, qui allé-

guait sans doute la mode ou l'élégance, elle savait au besoin répondre de manière à imposer silence : « J'ai décidé que ce serait comme cela, et ce sera. »

(Au reste, malgré sa douceur, sa condescendance, son indulgence extrême pour le prochain, on la trouvait de fer quand il s'agissait de transiger avec les résolutions qu'elle avait prises.)

« Elle ignorait les charmes de sa personne. Je me souviens qu'elle me disait un jour : « Ce dont je remercie parfois le bon Dieu, c'est de m'avoir donné un extérieur qui n'est ni beau ni trop repoussant. » Et moi-même, habituée à l'entendre se juger ainsi, à la voir dépourvue de toute coquetterie, je fus très surprise quand une de mes cousines m'apprit qu'Yvonne était jolie. De fait, dans tous les milieux on l'admirait, on l'appréciait. »

Son front auréolé d'innocence, son regard d'une céleste limpidité la rendaient belle d'une beauté surnaturelle, selon la remarque d'un ami de son père : on se sentait attiré vers elle, mais on ne l'abordait qu'avec respect, car de tout son être, en quelque sorte s'échappait, le *Noli me tangere*, ne touchez ni à mon cœur, ni à mon âme,

tout en moi est sacré, tout est à Dieu ! » Fidèle
à se rappeler le mot du guide de son âme : « Si
vous cherchiez l'attention des créatures, vous
perdriez les attentions de Notre-Seigneur », elle
n'avait, comme l'écrit Thérèse, que la pensée de
plaire à son Bien-Aimé et avouait ingénûment
qu'au milieu des fêtes, le souvenir de la présence
de Dieu ne la quittait pas. Elle ajoutait : « Je ne
cherche pas à me répandre dans le monde, mais
je tâche d'y répandre Jésus-Christ. »

Cependant les pages de son journal témoignent
de la persévérance presque incessante que Dieu
met à la perfectionner par l'épreuve et à la faire
monter vers Lui. On continue d'assister aux vi-
cissitudes de sa vie intérieure. Tantôt elle constate qu'il y a en elle deux courants : l'un, qui
l'entraîne à la vanité, à la sensualité ; l'autre,
« irrésistible », qui la porte en haut, et elle supplie Notre-Seigneur de la préserver de toute
offense volontaire « le seul malheur qu'elle re-
doute » ; tantôt elle se reproche son orgueil « qui
l'empêche de convenir aisément de ses torts et de
ses erreurs, qui fait qu'elle tient encore à la
bonne réputation, à ses idées » et elle prie pour
être délivrée de cet orgueil. — Ici, elle s'écrie :
« Je ne mérite pas même un regard de mépris ! »

là, parmi les raisons qui lui font ardemment désirer la mortification corporelle : « Je ressens tant de bonheur, tant de joie intérieure quand j'éprouve la plus légère souffrance physique que, si je n'avais été retenue par l'obéissance, je n'aurais su qu'inventer pour me faire souffrir. » Et ailleurs : « Notre-Seigneur veut que je fasse une pénitence perpétuelle ; la plus légère négligence sous ce rapport me fait souffrir beaucoup et diminue sensiblement mon ardeur à la prière et au devoir. »

Parfois, elle reçoit une touche de la grâce plus sensible et plus délicate :

« Notre-Seigneur me fait comprendre qu'il veut non seulement que je ne parle jamais de moi, mais encore que je ne pense plus du tout à moi. Il veut que j'oublie tout ce qui me concerne, jusqu'à mon salut, ma sanctification, pour ne penser qu'à l'aimer... La chose en elle-même me paraît assez singulière... aussi je me demande si j'ai bien compris et j'attends de Notre-Seigneur une petite explication.

« Une voix bien connue me répète sans cesse : « Plus haut, encore plus haut ! Penser « à toi, te complaire en toi, c'est descendre ; ne « te cherche pas, ou plutôt cherche-toi en moi. « Je veux t'absorber en moi, mais pour cela, « il faut que tu te quittes, que tu deviennes à

« tes propres yeux comme si tu n'existais pas.
« C'est une œuvre longue et difficile, mais je
« suis avec toi, laisse-moi faire. » — Oui, mon
Dieu, arrachez vous-même de mon cœur les dernières attaches que je désavoue et que je déteste ;
rendez-le pur, libre, perdez-le en vous... Qu'elles
sont douces les peines et les privations qu'on
endure pour vous ! que vous êtes bon de mettre
à la portée de ma faiblesse la souffrance que j'ai
tant désirée, et de me montrer par là que vous
acceptez ce que je vous ai offert ! Maintenant
que vous avez commencé, ne vous gênez plus...
donnez ou retirez, consolez ou éprouvez, je suis
prête à tout et, si j'ose vous dire cela, ce n'est
pas que je compte sur moi qui suis incapable
de rien faire, mais c'est que je compte sur vous...
Préservez-moi des actions éclatantes, tout mon
bonheur est dans le silence et l'obscurité, toute
mon ambition est de vivre cachée en vous, de me
tenir anéantie à vos pieds, cachée dans ma misère, abîmée dans votre amour... ne pensant
qu'à Vous, ne regardant que Vous, ne parlant
qu'avec Vous, n'étant consolée que par Vous et
ne l'étant même pas *pour Vous*, si vous daignez
accepter ce sacrifice. »

A travers les péripéties de sa vie spirituelle, la

chère enfant ne cessait pas d'être un objet d'édification en se prêtant aimablement à tout, s'ap-
pliquant même le mieux possible aux leçons
d'équitation, uniquement parce qu'elle savait
faire en cela plaisir à son père, en un mot pratiquant coûte que coûte la devise : « Toujours
souriante », que nous retrouvons parmi ses notes.

La grande question qui l'occupe par-dessus
tout, c'est naturellement sa vocation.

Avril 1886. — « Mon Dieu, que voulez-vous
de moi ? je sens que l'heure du sacrifice approche,
éclairez ceux qui me conduisent.

« Je serais heureuse de vous servir dans le
sanctuaire où j'ai appris à vous aimer ; j'ai là
tant de dettes de reconnaissance et d'affection !
Mais votre volonté m'est encore plus chère et, si
vous m'indiquez une autre route, je suis toute
prête à la suivre. Qu'importe à l'exilé le chemin
qui le ramène vers sa patrie ? Il ne s'inquiète pas
si ce chemin est le plus rude, le plus escarpé, le
plus pénible... il cherche le plus direct, le plus
sûr...

« Cet exilé, c'est moi. La patrie, c'est mon ciel
tant désiré ; je veux le conquérir à tout prix.
Mon chemin, Jésus me l'a montré, c'est la vie

religieuse ; mais dans quel ordre suis je appelée ?...

« Mon Dieu, je dépose à vos pieds mes attraits et mes répugnances, et vous prie de n'en tenir aucun compte. Vous aimer, me donner à Vous, me dépenser pour Vous, souffrir avec Vous, vous suivre de tout près par la voie la plus droite et la plus parfaite, en n'importe quel coin de la terre, voilà où toute mon âme aspire. »

Pendant près de quinze mois, Yvonne attendit la réponse du ciel ! Le prêtre choisi par Notre-Seigneur pour lui servir d'Ananie étudia longuement devant Dieu les attraits de son âme et les conduites de l'Esprit-Saint à son égard, avant de prononcer le mot décisif.

Quant à elle, deux communautés fixaient son regard et sollicitaient sa préférence : Saint-Aignan et le Carmel.

A Saint-Aignan : le culte spécial rendu à la divine Eucharistie, l'esprit de réparation, l'apostolat actif. Au Carmel : la séparation complète du monde, l'austérité, l'immolation silencieuse et cachée. Des deux côtés, attraction pour son cœur, réponse à ses aspirations. Sans une lumière surnaturelle très évidente, qui eût osé lui dire : Dieu vous veut *ici* et non pas *là* ?

Ce fut pendant sa retraite du mois de juin 1887

que le rayon d'en haut vint dissiper les dernières brumes.

Dimanche, 19 *juin* 1887. — « Je suis allée trouver mon confesseur pour aborder la grande question. « Je crois sincèrement, m'a dit le prêtre, que « Notre-Seigneur veut que vous vous occupiez du « prochain... qu'il ne vous fait passer par tant « d'épreuves intimes, délicates et douloureuses, « que pour vous préparer à comprendre toutes « les situations des âmes : ceci pour moi est « une indication très nette. Je penserais donc « plutôt à Saint-Aignan qu'au Carmel, mais ce « n'est pas une décision. Au Carmel, vous pour- « riez encore, il est vrai, vous occuper du pro- « chain : par exemple, si on faisait de vous une « maîtresse des novices... » (Cela, je pense, n'était pas dit au sérieux... j'aimerais mieux laver les pieds de toute la communauté, et d'ailleurs, rien ne peut me le faire craindre.)

On m'a dit encore : « Notre-Seigneur ne vous laissera jamais trouver de jouissance, de satisfaction en rien. J'ose vous l'avancer, la souffrance ne vous quittera guère, vous l'aurez le plus habituellement, pour ne pas dire toute votre vie. Ce que j'entrevois pour vous serait effrayant pour la pauvre nature, si nous n'avions le droit

de compter sur une assistance divine propor-
tionnée à l'épreuve. Cependant, n'ayez pas peur...
je vous ai dit ces choses afin que vous vous y
attendiez, mais à chaque jour suffit sa peine. »

Jeudi, 23 juin. — « *Nouvel anniversaire de
ma réception dans la Congrégation de la Sainte
Vierge.*

« Ce soir, à la chapelle des Enfants de Marie,
j'ai reçu... la réponse définitive. Le prêtre était
ému, tremblant ; moi, j'étais comme anéantie,
mais affermie dans la confiance et dans la paix.
Il pesa une dernière fois devant moi les motifs
de sa décision :

« Il est évident, me dit-il, que Notre-Seigneur
veut que vous vous occupiez des âmes, non seulement par la prière, mais par le travail et
l'action. Vous trouveriez au Carmel l'oubli des
choses de la terre, la familiarité des choses célestes, l'obscurité, la mortification austère...
mais Notre-Seigneur demande que vous lui sacri-
fiiez même cela. Du reste, je vous le répète, il ne
vous laissera trouver votre satisfaction en rien,
pas même dans les jouissances surnaturelles et
légitimes. D'autre part, je suis convaincu qu'il
ne vous sèvrera pas complètement des avantages
de la vie contemplative. A Saint-Aignan, il y a

la vie d'Adoratrice du Saint-Sacrement et la vie plus extérieure de l'éducation de la jeunesse et du soin des pauvres. Là, vous vous occuperez des âmes ; mais votre mission pourra se faire sans bruit, sans tapage, sans éclat. Quant à la mortification corporelle, ayez patience, elle ne vous sera pas toujours refusée. »

A ces raisons principales, le prêtre joignit plusieurs motifs secondaires et ajouta enfin : « Mon enfant, c'est mon dernier mot, il n'y a plus à en douter, le bon Dieu vous veut à Saint-Aignan ; vous pouvez dès ce soir demander à la Mère Supérieure si elle consent à vous recevoir pour fille. »

« En sortant du confessionnal, je tombai aux pieds de la Sainte Vierge pour la remercier, à cette même place où, le jour de ma réception dans sa Congrégation, j'étais venue redire avec instance ce beau refrain d'un cantique :

« Que j'habite, ô Seigneur, dans ton doux sanctuaire
Jusqu'au dernier de mes soupirs ! »

« Après le souper, je suis allée trouver Mère Supérieure et m'offrir à elle. Elle m'a reçue comme une vraie Mère, puis m'a ouvert la porte qui fait communiquer son cabinet de travail avec la chapelle. Là, j'ai bien reconnu la beauté qui

m'a séduite... la force qui m'a attirée... la voix
qui m'a appelée... l'amour qui m'a captivée...
mon *Jésus-Hostie* ! Et, au pied de son beau
trône, où autrefois je venais chaque jour déposer
mon cœur, je me suis dit : « C'est bien *ici* que
Dieu me veut !... O Marie, ma Mère, je remets
tout entre vos mains, afin que tout s'accomplisse
à l'heure voulue de Dieu et dans l'ordre marqué
par sa Providence. »

Il ne lui suffisait plus maintenant de savourer
son bonheur en répétant avec action de grâces :
Secretum est mihi ! ce secret, l'heure était venue
de le révéler à son père, à sa mère... malgré le
déchirement prévu de leurs cœurs. Grandes
furent les hésitations de sa piété filiale.

« Je suis sûre, ma tante, écrit-elle le 27 juin,
que, depuis mon départ de Saint-Aignan, vous
vous êtes demandé plus d'une fois ce qui devait
se passer à la Matholière, et vous allez être bien
surprise en lisant la lettre de maman, de voir
qu'elle ne sait rien de nouveau. C'est qu'en effet
je n'ai encore rien dit. Le premier jour, j'étais
toute prête ; mais, en arrivant ici, j'ai trouvé mon
pauvre papa si ému, si troublé de me revoir, et
j'ai ressenti moi-même une telle secousse que j'ai
bien compris qu'il était plus prudent d'attendre.

« Vous me parliez d'agonie : je crois que j'y
suis en plein ; je suis obligée du matin au soir
de m'étourdir, de m'endurcir pour étouffer des
flots de larmes. Quand j'y réussis un certain
temps, le visage triste et bon de papa me rappelle
ce que j'ai à lui dire... les heures de repos sont
des heures de torture... Je sens que le bon Dieu
me soutient, autrement je n'aurais pas été capable en rentrant ici de reprendre ma vie ordinaire, avec un supplément de gaîté, car nous
avions du monde.

« Adieu, tante chérie, je vous aime de tout
mon cœur, et Notre-Seigneur mille fois plus. »

1er *juillet. — A la même. —* « C'est fait, ma
tante chérie ! la glace est rompue, mais surtout
les cœurs... Remerciez vite le bon Dieu, oh !
qu'il est bon ! Je croyais que je n'en sortirais
jamais, mais Il a tout disposé, tout amené. Hier
dans l'après midi, je me suis ouverte entièrement
à maman ; puis ensemble, nous avons été trouver papa qui, lui, a été d'un abord plus froid et
plus difficile... Mais quelle résignation, quelle
conformité à la volonté de Dieu ! Je reconnais-
sais alternativement le père et le chrétien. Il m'a
montré tout le bien que je pourrais faire dans le
monde, m'a parlé de certaine proposition de ma-

riage, de la vie de dévouement et de piété que je pourrais encore mener si je renonçais à me marier... Comme tout cela trouvait de ma part la même réfutation, il a essayé de me prendre par la tendresse : « il comptait sur moi pour faire son bâton de vieillesse, etc... », mais il avait peine à garder son air sévère et les paroles de résignation revenaient comme malgré lui : « Je ne veux m'opposer en rien aux desseins du bon Dieu... seulement la question est trop grave pour que je la traite légèrement. Il faut que je prie, que j'examine, et, quand le bon Dieu aura fait la lumière, je me rendrai... » ou bien : « Nous irons examiner cela à Rome, sur le tombeau des Martyrs. »

« Papa veut aussi consulter Monseigneur. J'ai dit que je ferais tout ce qu'il voudrait pour le repos de sa conscience, mais que, quant à moi, je ne serais jamais plus sûre de la volonté du bon Dieu que je ne le suis aujourd'hui.

« Pauvre père ! moi qui l'aime tant !... Je lui ai bien demandé d'être raisonnable, de ne pas se préoccuper outre mesure, je lui ai promis de lui donner tout son temps... Depuis notre entretien, il ne se venge que par une plus grande tendresse, mais je sens qu'il a le cœur broyé.

« Quant à maman, jamais elle ne m'a paru si

grande que pendant notre conversation d'hier ;
elle maîtrisait son émotion pour me remettre de
la mienne et pour montrer à papa tous les côtés
adoucissants du sacrifice. Je suis brisée, comme
vous pouvez le penser ; mais Notre-Seigneur
tient mon cœur en haut et me remplit d'une
force au-dessus de moi. »

Presque au lendemain de ces ouvertures,
Mme du Roscöat partait pour une saison d'eaux
à Saint-Honoré. De là, elle adresse les lignes
suivantes à sa belle-sœur (Sœur J.-E.) : « Vous
aurez vu Yvonne quand vous recevrez cette
lettre ; peut être même vous aura-t-elle écrit les
détails de ce qui pouvait vous intéresser. Cette
chère enfant, en me faisant ses confidences, ne
m'a rien dit à quoi je ne fusse préparée depuis
longtemps ; je m'y attendais et je me reprochais
de n'avoir pas le courage de lui parler la première pour la mettre à l'aise. Je pense que vous
devez être heureuse du choix qui paraît fixé.
C'est un trésor que cette enfant, et un trésor capable de faire du bien partout, car elle réussit
dans tout ce qu'elle entreprend. Ç'eût été bien
doux pour nous de la garder comme l'ange du
foyer, puisqu'elle n'avait pas de goût pour le
mariage et qu'elle aurait pu faire beaucoup de

bien dans le monde. Mais, si ce n'est pas sa vocation, nous ne pouvons aller contre. Heureux
sommes-nous encore que Dieu ne l'appelle pas
au Carmel, comme je le pensais quelquefois
avec terreur. »

En même temps, Yvonne recevait de sa mère
des lignes analogues et elle répondait :

« Je ne saurais jamais vous dire tout le bien
que vous m'avez fait, ma chère petite maman, en
accueillant ma confidence avec tant de bonté et
de résignation. Je sais que je ne pouvais m'attendre à autre chose de votre part... Malgré
tout, je redoutais ce moment, et, comme vous,
j'aime mieux que cela soit fait. Je suis bien heureuse de sentir que vous n'êtes pas trop triste,
car c'est la seule chose qui pourrait me faire de
la peine. Mon cœur saigne, il est vrai, à la seule
pensée de vous quitter tous, mais rien n'égale
la souffrance de faire souffrir les autres, et j'ai
bien souvent demandé au bon Dieu d'augmenter
mon sacrifice et de diminuer le vôtre d'autant. »

Le 3 novembre suivant, elle rend compte à sa
tante Joseph-Emmanuel d'une visite faite à sa
cousine, Mlle Jeanne des Francs, qui venait d'entrer au couvent des Oiseaux.

La Matholière, **3** *novembre* 1887. — « **Nous**

sommes allées aux Oiseaux, tante Louise et
moi. Je n'ai pu m'empêcher de pleurer d'émotion en revoyant ma Jeanne avec ce petit bon-
net noir que j'envie tant ! Je lui ai trouvé un
air calme et heureux que je ne lui avais jamais
vu. Elle n'a rien perdu pour cela de son entrain.
Elle raconte à tout le monde qu'elle a tourné la
salade de toute la Communauté sans en faire
tomber une feuille, et autres exploits de ce genre.

« Mère Marie-Joséphine (¹) est arrivée quelques
instants après. Elle a deviné que nous serions
heureuses de nous voir un peu seules, et a proposé à tante Louise d'aller faire ses prières à la
chapelle, pendant que Jeanne me montrerait la
maison. Après un solennel « Merci, ma Mère »,
Jeanne m'a emmenée dans le jardin. Là, nous
avons causé à notre aise de ses derniers jours à
Gautray, de son installation au noviciat, etc... Il
paraît que, la veille de son départ, Jeanne a
rencontré papa dans la rue et qu'il lui a monté
toute une gamme de regrets, de remontrances...
Et comme, pour en finir, Jeanne lui demandait
de prier pour elle : « Oui, oui, a-t-il répondu, je
vais prier de tout mon cœur pour que vous
reconnaissiez bientôt que ce n'est pas votre

(¹) Maîtresse des Novices et sœur aînée de Mlle Jeanne des
Francs.

vocation et que vous reveniez près de vos
pauvres parents... c'est tellement contre nature
ces choses-là... enfin !... » et il s'est éloigné en
soupirant. Il y avait là mon oncle et ma tante,
qui se sont dit ensuite : « Ce pauvre Casimir,
c'est pour lui-même qu'il fait tous ces raisonnements : il s'attend au même sacrifice. »

« Jeanne m'a conduite à la chapelle des
Enfants de Marie, nous avons récité ensemble
notre consécration à la Sainte Vierge. Enfin
nous nous sommes embrassées, peut-être pour
la dernière fois, et, comme j'avais déjà fait
quelques pas, elle a couru après moi en me
disant : « Ah ! je crois que j'ai oublié de te dire
que je suis heureuse, très heureuse... » C'était
inutile, je l'avais bien vu ! »

Le 9 novembre, elle confie son secret à une
amie des plus intimes. « Pourquoi ne m'écrivez-
vous pas ? Pourquoi ne vous ai-je pas écrit ? Je
crois que le même sentiment nous retient : le
respect d'un secret trop cher pour n'en rien dire,
trop divin pour en parler dignement. Voilà, pour
moi du moins, le mot de l'énigme. Peut-être de
votre côté s'ajoute-t-il un sentiment de discrétion,
qui ne m'étonne pas de votre part, mais dont je
veux vous délivrer.

« Je me suis demandé depuis le mois de juin comment je ne vous avais pas encore parlé du sujet qui fait mon bonheur. Cela vient, je crois, de ce que la pensée de ma vocation n'a rien eu de soudain. Je ne saurais dire à quel moment précis elle m'est venue pour la première fois : c'est l'action de grâces de ma première communion qui s'est prolongée ; c'est Notre-Seigneur me donnant son cœur et me demandant le mien par une invitation pressante et continue ; c'est une lumière douce et pure qu'il a répandue sur mon âme et qui, progressivement, a fini par l'envahir tout entière, comme un beau soleil qui se lève. »

Elle raconte ensuite comment elle s'est ouverte à ses parents : « Ç'a été dur, bien dur, mais je n'ai peut-être jamais si bien senti l'assistance divine et la force surhumaine que peut donner la confiance en Dieu...

« ...Quant à Thérèse, elle s'attendait à ma confidence qu'elle a accueillie par des flots de larmes. A présent, notre prochaine séparation est sa pensée habituelle...

« Vous savez, n'est-ce pas, que nous allons à Rome ? Voilà un beau et précieux voyage, magnifique préparation pour moi au grand acte qui suivra. »

Ainsi qu'elle le dit, la première révélation à

ses parents avait été bien douloureuse !... Restait pour elle à soutenir les assauts qu'allait lui livrer, pendant des semaines et des mois, leur tendresse alarmée :

« Que de larmes, écrit à ce souvenir sa sœur Thérèse, que de larmes nous versions alors ensemble à la chapelle, ou le soir quand, harassée du chagrin qu'elle comprimait, elle s'étendait dans son lit ! Je restais assise près d'elle, elle me consolait de son départ ou me racontait ses longues causeries avec papa et avec maman.

« Pour l'éprouver autant que pour obéir à son cœur désespéré à la pensée de perdre une fille si accomplie, notre bon père n'épargna aucun argument. Yvonne répondait à tout avec son calme si doux et si fort, et, loin de se plaindre de la résistance, se contentait de pleurer amèrement. »

Les fêtes du jubilé sacerdotal de Léon XIII approchaient : M. et Mme du Roscöat désirèrent naturellement être rendus à Rome pour cette époque.

« O mon Dieu, écrit Yvonne dans son journal le 10 décembre, que ce voyage soit sanctifiant : c'est tout mon désir. Qu'il me rapproche de Vous, qu'il m'unisse plus intimement à Vous. La jouissance n'est rien, il n'y a que la volonté de Dieu qui signifie quelque chose : la jouissance vraie, c'est le devoir, le sacrifice, le *Fiat voluntas tua!* »

Les limites d'une notice nous interdisent de reproduire, même partiellement, la relation épistolaire du voyage d'Italie, due à la plume des divers membres de la famille, mais beaucoup à celle d'Yvonne.

Çà et là, cependant, nous glanerons quelques fleurs ou quelques épis, heureuses comme on l'est, en parcourant un joli parterre ou des moissons dorées, d'y cueillir une gerbe destinée à rapporter aux absents une petite part de ce dont on a joui.

Toulon, 17 *décembre* 1887. — « ..... Je ne t'ai rien dit de Marseille, ma chère Henriette. Nous y avons consacré mercredi et jeudi : un jour pour Notre-Dame de la Garde et la ville ; l'autre .. (ce que femme veut, Dieu le veut !), pour l'excursion de la Sainte-Baume....

« ...Nous voilà donc partis jeudi matin à six heures pour la Sainte-Baume, sans trop savoir si nous arriverions, munis à tout hasard d'un peu de viande froide et de pain, munis surtout de bons souliers et de la résolution d'arriver coûte que coûte.

« Nous prenons le train de six heures, qui nous dépose à huit heures à Auriol, petite ville sur la route d'Aubagne. Rien de plus pittoresque que cette route de Marseille à Aubagne ! Je ne t'en fais pas la description, c'est toujours la même chose : les montagnes, la mer, sous leurs aspects les plus variés. Nous assistons au lever du soleil sur les montagnes, première jouissance de la journée qui nous annonce un temps splendide.

« A Auriol, nous descendons et nous trouvons à notre disposition un omnibus pour Saint-Zacharie, petit village au pied de la Sainte-Baume.

« Nous arrivons là au bout d'une heure, et demandons les moyens de faire l'ascension de la montagne. On commence par nous dire que jamais on n'y va dans la mauvaise saison, que les chemins de voiture sont impraticables et que pour des piétons la course est impossible ; que d'ailleurs, il y a plus de 32 kilomètres et qu'il nous faudrait coucher là-haut, etc., etc.... Sans nous déconcerter, nous demandons un guide. Il s'en trouve un aussitôt comme par enchantement ; pendant qu'il se prépare, nous nous résignons à prendre quelque chose, n'espérant plus arriver à la grotte qu'après-midi, et nous nous mettons en marche sur le coup de dix heures, par un temps radieux, nos robes relevées à la ceinture, un

petit sac sur le dos, un bâton à la main, ni plus
ni moins que *le Pèlerin*.

« A peine avons-nous quitté le village de Saint-
Zacharie, que nous entrons dans une vallée ravissante plantée d'oliviers chargés de fruits. Nous
rencontrons bientôt une petite chapelle, appelée,
je ne sais pourquoi, chapelle Orgnon, et les ruines
de l'ancien village de Saint-Zacharie. Un peu
plus loin, une petite niche dédiée à saint Lazare,
jusqu'à présent inhabitée. Puis la pente s'accentue ; nous suivons un torrent encaissé entre
d'énormes blocs de rochers : on ne peut rien
voir de plus âpre et de plus sauvage. On ne rencontre pas une âme dans le chemin et on n'entend que le bruit des cascades qui se précipitent
les unes par-dessus les autres en bouillonnant.

« Après avoir monté ainsi pendant trois heures,
nous atteignons un immense plateau et nous
apercevons enfin, mais au loin devant nous, la
forêt et le rocher de la Sainte-Baume ! Redou-
blant d'ardeur, nous arrivons à l'hôtellerie des
Pères dominicains, qui se trouve au pied de la
forêt pour recevoir les voyageurs. Le Père Espa-
net nous introduit et nous ouvre l'entrée du petit sentier qui conduit à la grotte. Il était une
heure ; nous avions fait treize kilomètres à pic
sur un vrai tapis de pierres coupantes : nous

commencions à désirer le but. Il restait deux ou trois kilomètres sur un chemin bien plus rude encore... mais le bonheur d'arriver nous poussait en avant, et le saisissement produit par le grandiose et la majesté de ces lieux remplissait nos pensées.

« Figure-toi, si tu peux, au milieu d'un pays voué à la sécheresse la plus constante, une magnifique forêt, peuplée des arbres les plus verts et les plus frais : le tilleul, l'érable, l'if, le hêtre, l'ormeau poussent avec une vigueur incompréhensible dans le terrain sec et rocailleux. Les pampres et le lierre grimpent le long des arbres. Une odeur délicieuse de thym et de romarin est répandue partout. Tout cela est d'un charme difficile à peindre et qui annonce bien un séjour béni.

« Enfin nous sommes au but ! Des escaliers taillés dans le roc nous aident à franchir les derniers escarpements et nous voici devant la grotte : c'est écrasant de grandeur ! Les arbres qui nous ont paru des géants sont maintenant à nos pieds comme un tapis de verdure. Nous voyons par-dessus les montagnes que nous venons de franchir... je renonce à toute description.

« Deux petites maisons, dont la blancheur

éclatante tranche sur la couleur grisâtre de la roche, gardent l'entrée de la grotte. L'une sert d'hôtellerie pour les pèlerins ; l'autre, qui porte cette inscription : *Silentium*, est le logement des deux religieux qui montent chaque matin garder le lieu de la sainte pénitence.

« Nous étions dans un tel état de transpiration et de fatigue, qu'il eût été très imprudent de passer brusquement dans la grotte, vrai bain d'humidité et de fraîcheur. Il nous fallut modérer notre impatience et accepter, avec l'hospitalité du bon Frère, un petit verre de chartreuse qui, entre parenthèse, nous fit beaucoup de bien, car nous étions au bout de nos forces.

« Cette précaution prise, le bon Frère nous introduisit dans la grotte. Quel saisissement ! Nous nous trouvions au milieu d'une large et profonde caverne, située dans le flanc escarpé d'une montagne qui semble prête à l'écraser. C'est là que sainte Madeleine vint terminer sa vie : son souvenir revit à chaque endroit. Ici, c'est une pierre en forme de lit, où sainte Madeleine se retirait le plus souvent et qu'on appelle l'endroit de la sainte pénitence. Tout à côté, c'est la fontaine miraculeuse que Dieu accorda à sa prière ; quelques croix de bois, trois pauvres autels surmontés de sa statue rappellent son dénûment et sa mortification. De larges gouttes d'eau, qui tombent mélancoliquement de la voûte, semblent imiter les larmes de la sainte pénitente et ne sont jamais désignées que sous ce nom : les larmes de Madeleine.

« Pendant qu'agenouillés sur les dalles humides de la Sainte-Baume, nous priions sainte Madeleine en pensant à vous tous, notre guide regardait sa montre non sans une certaine inquiétude... il était trois heures. La nuit vient vite au mois de décembre et nous étions bien loin de notre petit village de Saint-Zacharie. Le signal du départ fut donc donné ; mais papa se rappelant tout à coup qu'il y avait, à quelque cent mètres plus haut, un autre point sanctifié par les extases et les ravissements de sainte Madeleine, demanda à monter au Saint-Pilon. Cette proposition, qui nous eût ravies au départ, ne trouva plus d'écho. Ce n'était pas tout de monter, il fallait songer à redescendre .. et quelle descente ! Nous nous déclarâmes impuissantes, à la grande satisfaction de notre guide, qui n'était pas bien persuadé que nous le suivrions jusqu'à la fin.

« Pour contenter tout le monde, papa grimpa seul avec le Frère au sommet de la montagne, tandis que nous prîmes les devants avec notre homme pour l'hôtellerie des Dominicains. Comme nous arrivions au bas de la forêt, une voix, semblable à celle d'un pâtre qu'on entendrait dans le lointain, vint réveiller les échos de la montagne. Nous nous arrêtâmes pour écouter, et cette triple invocation arriva distinctement jusqu'à nous : « *Sancta Maria Magdalena, ora pro nobis.* » Tu l'as deviné, ma chère Henriette, c'était papa qui célébrait avec son nouveau guide son arrivée au Saint-Pilon. Il était si haut que nous apercevions à peine un petit point noir... Nous l'attendîmes à l'hôtellerie où, après une petite réfection de fromage et de noix, nous reprîmes notre tenue de voyage.

« La nuit ne tarda pas à nous surprendre. Je n'essaierai pas de te décrire ce coucher du soleil dans la montagne et cette apparition des étoiles, qui n'étaient pas inutiles pour nous empêcher de rouler dans le torrent : c'était quelque chose de féerique ! Le silence était profond ; nous étions à la fois trop saisies et trop fatiguées pour parler. Mais, quand le son lointain de la cloche du monastère tinta l'*Angelus*, chacun sembla sortir de son rêve, et nous le récitâmes en commun ; puis, tout se tut de nouveau. De temps en temps, le silence était rompu par la voix de notre guide qui nous criait : « Pas si près du bord ! » Nos pauvres jambes n'en pouvaient plus et nous dégringolions de pierre en pierre, croyant toujours faire notre dernier pas.

« Sept heures sonnaient quand nous rentrions à Saint-Zacharie : nous avions fait nos huit lieues et la plus belle excursion qu'on puisse rêver. Un petit dîner au village et nous reprenons la voiture, puis le train qui nous ramène à Marseille à dix heures et demie. Nous ne tenions plus ni debout, ni assises... heureusement, il n'y avait plus qu'à se mettre au lit.

« Adieu, ma chère petite Henriette, nous partons demain pour Gênes. »

Fragment d'une lettre à sa tante. — Florence, 22 décembre 1887. — « Depuis Gênes, nous sommes entrés dans la série des monuments et des musées. Cela m'intéresse beaucoup moins que la nature. La plupart des églises d'Italie sont elles-mêmes remplies d'œuvres d'art. On y passe des journées entières si l'on veut tout voir, depuis les richesses des sacristies, jusqu'aux détails des fresques, des tableaux, des monuments funèbres, qui y sont à profusion. Quelques-unes renferment de véritables trésors, mais tout cela paraît bien pâle quand on sent, au fond du tabernacle, le seul vrai trésor du ciel et de la terre, et on se passerait volontiers de regarder tout le reste, pour être seulement un quart d'heure de plus à ses pieds...

...Quant aux musées, je n'en suis pas bien curieuse : à part quelques belles Vierges ou quelques Martyrs, les tableaux ne me disent pas grand' chose. La plupart des sujets religieux sont interprétés d'une manière si matérielle et si profane qu'ils perdent tout leur charme. »

A notre Révérende Mère Supérieure générale. — Mardi, 27 décembre.

Ma bien chère Mère,

« A vous ma première lettre de Rome... J'ai peine à me persuader que je ne rêve pas en me voyant installée comme chez moi dans la Ville éternelle.

.   .   .   .

.   .   .   .

« Je me trompais bien en pensant que je vous quittais pour deux mois. Je n'ai jamais vécu plus près de vous que depuis que je suis à Rome ! Partout où je vais, je m'entoure du souvenir et des noms de tous ceux que j'aime, je les dépose comme moi-même sur les tombeaux des Apôtres, sur les restes des Vierges, des Martyrs, et je demande au Bon Dieu qu'il fasse de nous tout cela. Je vous sens tous autour de moi ; il me semble que nous ne faisons qu'un et que vous jouissez avec moi.

« Je suis bien heureuse ici. Le Bon Dieu m'a vraiment gâtée en m'accordant ce beau voyage qui me console et me ravit. Hier, nous avons fait notre première visite à Saint-Pierre : nous avons entendu la messe à l'autel de la Conversion de Saint Paul et nous avons jeté un premier coup d'œil (coup d'œil d'ensemble) sur cette immense basilique, que nous nous proposons de revoir *poco a poco*. Ce qui frappe surtout en y entrant, c'est cette unité, cette admirable proportion de tous les détails qui fait que les choses les plus gigantesques paraissent de grandeur naturelle. L'harmonie est parfaite, de sorte que rien ne choque, rien n'effraie dans une œuvre dont la grandeur est écrasante. On ne sent en rien le travail, tout repose et satisfait comme si cela n'avait coûté aucun effort. C'est la majesté simple et une. Voilà du moins l'impression que ce rapide aperçu m'a produite. J'avoue d'ailleurs que j'ai vu Saint-Pierre surtout des yeux de l'âme et de la foi. De ce côté-là, on éprouve un je ne sais quoi qui s'empare de tout votre être et vous enlève ! Cette confession de Saint-Pierre qui est là, au milieu, comme un brasier ardent, surmontée de paroles divines, telles que celle-ci : « *Tu es Petrus et super hanc petram ædificabo* « *Ecclesiam meam !* », voilà qui fait battre le cœur et remue jusqu'au fond de l'âme ! »

Rome, 4 janvier. — *A sa tante.* — « Samedi, 31 décembre, à dix heures, nous nous rendons au dehors de la ville par la Via Salaria, à la catacombe Sainte-Priscille. Monseigneur X... y célébrait une grand'messe, qui devait être suivie du *Te Deum* et d'une conférence sur les catacombes par l'intéressant M. de Rossi. Quand nous sommes arrivés, l'office était commencé ; rien ne peut rendre notre saisissement en pénétrant dans ce souterrain humide, que de petits faisceaux de bougies avaient l'ingrate mission d'éclairer. En entendant sortir de terre les chants de la Messe, nous nous reportions vers le temps des persécutions, et nous nous représentions facilement les premiers chrétiens célébrant joyeusement les saints mystères dans l'attente de leur martyre. Le *Te Deum* fut splendide et la conférence, intéressante ; malheureusement la foule était si grande que nous sommes sortis sans visiter. . . . .
. . . .

« Mais ce matin, si j'avais pu vous prêter ma longue-vue, vous eussiez aperçu toute une petite caravane sortant encore des portes de la ville, traversant la Via Pia et pénétrant au point du jour dans la catacombe Sainte-Agnès ! Vous eussiez reconnu à l'autel le Père Nisser, offrant la Sainte Messe sur le corps de la petite martyre, pour toute sa famille d'âmes, y compris les absents. Papa et M. de Falaiseau servaient d'enfants de chœur : c'était Gien transporté.

« Après la Messe, on nous distribue des rats de cire [et nous descendons un à un, comme une procession aux flambeaux, dans des corridors sans fin, de la largeur d'une seule personne et bordés du haut en bas de *loculi* renfermant les corps des chrétiens. On est comme imprégné de respect en circulant dans le labyrinthe souterrain qui a vu passer tant de martyrs ! Certains *loculi* sont encore remplis d'ossements de squelettes, de crânes qui sont autant de reliques. De distance en distance, une large pierre plate indique l'endroit où l'on célébrait la Messe. Çà et là, on voit des inscriptions et des signes très bien conservés : colombes, poissons, etc.

« Dans la journée, nous sommes allés au Colisée : quel pèlerinage ! Je n'ai pas le temps de vous en parler comme je voudrais. Vous vous figurerez seulement l'impression que nous avons éprouvée lorsqu'après nous avoir fait parcourir les cinq étages de galeries où se tenaient les 87.000 spectateurs, l'arène, les cavernes d'où l'on faisait bondir les animaux féroces, etc..., notre guide se découvrit la tête, mit un genou en terre et nous dit : « Voici l'endroit où l'on entas-« sait les chrétiens pour attendre le combat ! on « ne passe pas ici sans faire une prière ! »

« En effet, nous avions devant nous une espèce de cachot obscur où trente personnes debout devaient à peine tenir, et c'est là qu'ont agonisé tant de saints !

« Un peu plus loin, on a transformé en une petite chapelle dédiée à sainte Hélène un autre trou à peu près semblable mais plus grand, où le bienheureux Joseph Labre a vécu pendant quatorze ans, prêchant les vertus des martyrs, et où il est mort. On éprouve devant tout cela un *prosternement* qui ne peut se décrire... »

15 *janvier* 1888. — « J'ai bien failli ne pas aller à la canonisation, car les billets étaient extrêmement difficiles à obtenir et la veille, à six heures du soir, papa seulement en avait un et il ne faisait même plus de démarches pour nous en procurer. La seule démarche que j'avais faite

avait été auprès de la Sainte Vierge et elle m'a donné mon billet.

« Nous étions en visite chez Mgr Cortel, l'évêque de Troyes, mais une visite tout à fait désintéressée, nous ne lui demandions rien : il avait su cependant mon espérance envers et contre tout. Soudain, il me dit d'un air mystérieux : « Voulez-vous me permettre de m'absenter un « moment ? je vais travailler pour vous... » Il sort et revient en disant : « Voyons, chère enfant, « combien me promettez-vous d'*Ave Maria* ?... « — Tant que j'en pourrai dire, Monseigneur, » et il me donne... un billet. Jugez de ma surprise et de ma joie ! Et lui, ce bon évêque, était encore plus content que moi... « Depuis que vous êtes ici, cela me tourmentait... mon secrétaire en avait un, je n'ai pu résister, je lui ai dit: « Tenez, mon ami, donnez-moi cela et n'en par- « lons plus... » Voilà comment il s'y était pris, voilà comment la Sainte Vierge arrange les affaires.

« Ce matin dimanche, je suis donc partie avec papa. A sept heures, nous faisions queue dans les escaliers du Vatican, montant une marche toutes les deux ou trois minutes. Enfin nous pénétrons dans la salle de canonisation, qui occupe le dessus du grand vestibule ou galerie de Saint-Pierre : le passage du milieu, préservé de l'envahissement par deux rangées de troupes pontificales en grande tenue, servait à séparer les dames des messieurs, car ceux-ci étaient debout, tandis que nous étions assises sur des banquettes de velours. La décoration était splendide : au fond, dans un immense rayon de gloire, le Saint-Esprit planant sur l'autel et sur toute l'assemblée et entouré d'une triple couronne de lumières. Dans toute la longueur de la galerie, des grappes de lustres dont le cristal donnait à l'illumination quelque chose de limpide, de transparent et de vraiment céleste.

« La cérémonie dura jusqu'à deux heures. J'eus la bonne fortune de me placer la première sur le bord, de sorte que je vis passer le cortège tout à côté de moi, si près que je fus souvent obligée de me retirer un peu afin que les cardinaux ne me marchent pas sur les pieds... Le défilé dura plus d'une demi-heure pour entrer, et autant pour sortir. J'eus le temps de voir à mon aise tous ces magnifiques costumes de l'armée pontificale : garde-palatins, garde-nobles, camériers, suisses, gendarmes, etc... et ceux du clergé, si bizarres et si beaux. Il passa devant moi de quatre à cinq cents évêques de tous les points du globe qui tous, pour la circonstance, avaient revêtu les mêmes ornements blancs et la mitre de lin, la seule qu'ils puissent porter en présence du Pape. Les patriarches grecs, arméniens, maronites, etc... avaient seuls la permission de paraître dans tous leurs atours, ce qui rompait de temps en temps la monotonie du costume. Tous portaient une torche à la main. Vinrent aussi des représentants de tous les ordres religieux : Capucins, Bénédictins, Chartreux, Trappistes, Carmes, Jésuites, Dominicains, etc., à l'infini. Puis les chanoines, le Collège romain, les Cardinaux et enfin..... le Saint Père porté sur sa sedia, comme le premier janvier, par huit *sediarii* en damas de soie rouge.

« La cérémonie commença par un *Veni creator* formidable chanté par des milliers de voix ; suivirent les litanies des Saints, enlevées de la même manière ; puis les discours des promoteurs de causes, auxquels le Saint Père répondit par la bulle de canonisation : à ceci je n'entendis rien, mais le *Te Deum* m'en annonça la fin. Alors on revêtit le Saint Père de ses ornements et la grand' messe papale commença. Pendant le chant du *Credo*, un nombre considérable d'évêques et de cardinaux sortirent de la salle et rentrèrent à l'offertoire, portant en grande pompe les offrandes symboliques de la canonisation. C'étaient des colombes, des tourterelles, des petits oiseaux dans des cages dorées, de minuscules barils d'or et d'argent contenant le vin et l'eau, des pains, etc.., chaque saint devait être représenté par tous ces symboles, de sorte que ce défilé fut encore long. C'était ravissant de voir ces vénérables cardinaux déposant aux pieds du Saint Père leurs petites cages, et tous ces petits oiseaux fort étonnés de se trouver à pareille fête, qui chantaient, voletaient ou picotaient... les colombes seules avaient conscience de leur dignité !.. L'offrande faite, la procession revint sur ses pas et alla probablement mettre en sûreté les nouveaux dons. Je vis tout cela dans les plus petits détails.

« Le *Sanctus* fut splendide. Le chœur de trompettes que nous avions entendu à Saint-Pierre, nous ravit de nouveau pendant l'élévation. Le *Benedictus* et l'*Hosanna* furent le couronnement et le triomphe de cette sainte partie de la messe.

« Après la consécration, le Saint Père va s'asseoir sur son trône et y termine les prières de la messe. Un cardinal lui apporte la sainte communion et le Saint Père partage avec lui la sainte hostie. Il boit ensuite le précieux sang avec un chalumeau. Il ne retourne à l'autel que pour l'*Ite missa est* et la bénédiction solennelle.

« La cérémonie terminée, le cortège repassa encore une fois devant moi ; encore une fois, je vis *l'ombre* bénissante du Saint Père. Vraiment, il ressemble à un pur esprit, mais qu'il devait être fatigué ! Il était trois heures quand nous arrivâmes à la maison !

« J'avoue que mon âme déborde de reconnaissance et de bonheur. Que de fois je me prends à souhaiter que vous soyez venue à Rome à ma place ! il me semble que vous jouiriez tant et que vous sauriez si bien en tirer profit ! Et Mère Supérieure, comme elle serait heureuse ici ! Moi, j'ai peur de ne pas recueillir dignement tant de grâces et d'être trop incapable d'en profiter. Priez, ma tante, à cette intention. Demandez à notre Jésus que je réponde à son amour autrement qu'en enfant gâtée. »

Lettre à sa sœur Henriette. — « Vendredi, 20 janvier, excursion ravissante ! nous partons de grand matin, munis de provisions pour toute la journée !

« Nous commençons par nous rendre à la prison Mamertine, où nous retrouvons le Père Jarlan [1] auquel nous avions donné rendez-vous.

____

[1] De la Congrégation du Saint-Sacrement.

« D'après ce que nous t'avons déjà dit de
la prison Mamertine, tu pourras facilement te
faire une idée de nos impressions lorsque le
Père Jarlan commença le Saint Sacrifice sur
ce pauvre petit autel, si humide qu'on est obligé
de le dégarnir complètement après l'heure des
messes, et si près de la voûte qu'il faut user de
précautions pour l'élévation de l'Hostie.

« Quand nous l'entendîmes lire à l'épitre
tout le récit de la douloureuse persécution
dont ce cachot a vu le cruel mais glorieux
début, nous renonçâmes à toute autre méditation !

« Nous reçûmes la sainte communion agenouillés près de la source miraculeuse et, après une
seconde messe, que servit le Père Jarlan, nous
prîmes en famille une petite réfection arrosée
de l'eau de la source, et nous revînmes à la
lumière du jour.

« Il était neuf heures, le temps s'annonçait
magnifique.

« Nous traversons en voiture le Forum,
saluons au passage le Colisée et sortons de la
ville par la Porte Saint Sébastien et la Voie
Appienne.

« Nous suivons longtemps cette antique voie
romaine, encombrée de chars que traînent deux,

trois et jusqu'à cinq quadrupèdes, bœufs ou mulets, et nous arrivons, non sans poussière, à la basilique Saint-Sébastien.

« C'était « la Fonction », autrement dit la fête patronale. L'église était jonchée de branches d'arbres, on chantait la grand'messe en musique : c'était fort beau ! Nous visitâmes l'église et, après avoir congédié notre voiturin, nous continuâmes à pied notre promenade sur la Voie Appienne. Nous arrivâmes à la hauteur du tombeau de Cæcilia Metella, belle ruine d'un monument romain. C'était le lieu que nous avions choisi pour notre déjeuner champêtre.

« Un déjeuner champêtre en plein mois de janvier !... l'idée te paraît singulière ! et je ne m'en étonne pas, quand je pense à la neige qui vous environne et vous retient au coin du feu. Mais rassure-toi, ce n'est pas la neige qui nous a servi de nappe : notre soleil de printemps en eût vite fait justice...

> « Sur du bon foin d'Italie
> Le couvert se trouva mis.
> Je laisse à penser la vie
> Que firent les six amis !
> Le repas fut très frugal,
> Car c'était un vendredi ;
> Il ne fut pas moins régal
> Que si ç'eût été jeudi... »

Nous ne pouvions trouver un plus bel endroit que ce champ dont l'élévation nous permettait d'embrasser d'un seul coup d'œil cette campagne romaine semée de ruines, et plus loin, presqu'à l'horizon, la coupole de Saint-Pierre... Le repas terminé, nous payons la location de notre table en distribuant des oranges et des tartines de confitures aux braves gens qui bottelaient le foin. Tous nous témoignèrent une si vive reconnaissance que nous aurions pu croire que c'étaient eux qui nous étaient redevables de quelque chose. »

On nous saura gré assurément de transcrire ici le compte rendu de l'ascension du Vésuve par M. du Roscöat et ses deux filles aînées, bien que la narration ne soit pas de la plume d'Yvonne.

Naples. — « Le samedi, 28 janvier, à sept heures, nous étions en gare, papa, Yvonne et moi partant pour Pompéï. Une heure plus tard, descente du train, déjeuner chez le maître d'hôtel avec lequel nous avions fait nos plans la veille. Là aussi, nous nous débarrassons de tous nos appendices gênants et sautons sur nos montures, nous délivrant avec peine des bandes de gamins qui se

pendent à la queue de nos chevaux en criant :
« *Dare un sordo, signorina, dare un sordo !* »

« Enfin, *Partenza! Avanti Macaroni!* (c'était
le nom de la monture d'Yvonne) la mienne se
nommait *Beefstake* et celle de papa *Lacryma
Christi*, comme le vin produit par la vigne du
Vésuve. Le petit cheval blanc monté par notre
guide avait un nom si baroque que je n'ai pu le
retenir.

« Nous voilà donc cavalcadant à travers la
campagne, traversant des villages au petit galop
de chasse. Tu jugeras mieux de l'effet quand je
t'aurai dit, ma chère Henriette, que papa avait
une énorme canne qui servait de cinquième pied
à son cheval, et nous deux, nos chapeaux à
plumes attachés par une cravate nouée sous le
menton : pas d'amazones, bien entendu. — Dans
cet apparat, nous traversons le village des Trois-
Maisons, ainsi nommé parce que, lors d'une
éruption du Vésuve, cette petite ville fut ense-
velie à l'exception de trois maisons. Après une
heure et demie environ, nous commençons l'ascension de la montagne : nous sommes tantôt
dans la cendre, tantôt au milieu d'immenses
coulées de lave noire et très dure. Heureusement
nos chevaux ont le pied sûr et le fouet retentis-
sant du guide continue à les activer.

« De sentier en sentier, de roc en roc, nous arrivons à la station, c'est-à-dire qu'on nous fait quitter nos montures : elles se reposent pendant que nous passons à un autre exercice. Les chemins deviennent des échelles, il nous faut grimper nous-mêmes. Mais ici : attention ! il ne s'agit plus de nous retourner pour admirer la vue de la mer et de Pompéï qui disparaissent peu à peu dans un épais brouillard. Nous sommes assaillis par une nuée de grands bandits qui nous offrent leurs services, vraie glu dont on ne peut se décoller ! Ils nous proposent tour à tour leurs épaules et leurs chaises à porteur, mais, comme nous refusons tout, ils nous attellent à leurs lanières de cuir et prennent à tâche de nous essouffler en montant le plus vite qu'ils peuvent. Nous montons à pic, roulant dans le gravier, redescendant d'un pas sur deux, c'est décourageant pour commencer !

« Puis, autre scène : pendant que vous marchez, pendu à votre « corridor », un homme dont vous avez refusé les services, s'approche de vous : « Madame, tenez-vous en arrière, c'est mieux... c'est trop dur pour vous ! Si vous voulez un autre homme ? — Non, merci, c'est très bien. » Et un troisième : « Madame, mettez-vous comme ça » (et un bon coup de pouce vous soutient le dos)... « levez la tête, c'est moins fatigant... » (il n'en est rien !) Enfin, voilà un second homme attaché à votre service, jusqu'à ce que vous le renvoyiez presque à coups de bâton.

« Ce moyen, tu le supposes, nous ne l'employons pas ; aussi, tandis que je me laisse faire, Yvonne et papa reçoivent les mêmes bons soins. Nous montons, nous montons toujours, soit sur des amas de cendre et de poussière, soit sur d'énormes blocs de lave : toutes les trois minutes, il faut s'asseoir, reprendre haleine, manger un quartier d'orange et se débattre avec les « faquins » qui veulent nous persuader que nous n'irons jamais jusqu'au bout, et que nous devons nous laisser porter sur leurs épaules, *per venti cinque franchi.* »

« Nous refusons énergiquement ce genre de service et, d'étape en étape, nous arrivons à plusieurs petits cratères qui lancent de la vapeur de soufre. A ce moment, le temps se refroidit : les nuages gris qui s'amoncelaient depuis quelques instants, nous gratifient de pluie, de grêlons ou de flocons de neige, que les tourbillons d'un vent glacial nous lancent avec force en tous sens. En même temps, une épaisse fumée de soufre nous environne, nous suffoque... mais il faut arriver : *excelsior* ! et chacun reprend courage. J'étais en

avant avec mes deux guides, qui m'entraînaient
toujours : nous ne voyions pas à deux mètres devant nous... Enfin, voici le bord du grand cra-
tère ; papa descend, je le suis, Yvonne vient
après : la fumée est de plus en plus suffocante ;
le bruit, comme celui d'une forte machine à vapeur, produit sur nous un certain effet : on croit
à chaque instant qu'une nouvelle éruption va se
produire. — Après un moment, ayant vu tout ce
qu'on pouvait voir et nous sentant gelés, nous
commençons à retourner en arrière, au milieu de
coulées de soufre refroidies et de lave noire et
glissante.

« A peine avions-nous fait quelques pas au
bras de notre *Corridor*, qu'il nous prévient qu'à
partir de ce moment un second voyage commence et que, par conséquent, il faudra payer
une seconde somme ; cette ruse me déplaît !
Papa entre en explication, on dispute un peu,
on décharge son cœur en leur disant ce qu'on
pense d'eux, et, pour en finir, sans même remercier mon bonhomme, je pars dans la cendre, pif,
paf, roulant ou sautant plutôt, avec des pas de
deux mètres. Yvonne et papa en font autant et
s'en viennent roulis-roulant à ma suite. Les
guides, si charmants tout à l'heure, furieux de ne
pouvoir nous extirper encore une petite somme,

'enfuient comme des voleurs et disparaissent en
une seconde. C'est ainsi qu'on rend les services
dans ce pays-ci !

« Nous voilà donc seuls dans cette montagne
inconnue, au milieu d'épais tourbillons de neige...
Il nous reste cependant notre premier guide qui,
lui, a encore quelque intérêt à nous contenter ;
aussi faisons-nous, à nous quatre, notre petite
procession, la plus grotesque que tu puisses imaginer : Yvonne, au bras de Maître Giuseppe
Rifulco, ouvre la marche d'un pas décidé. Papa
et moi, formant l'arrière-garde, leur menaçons
les talons, au risque de les enterrer sous les
amas de cendre qui s'effondrent à chacun de nos
pas... De temps en temps, un regard suppliant
d'Yvonne se retourne vers moi, comme pour
conjurer l'avalanche : hélas ! je n'y peux rien...
nous descendons à pic !

« Enfin, nous nous rapprochons du niveau de
la mer : la température se modifie, la barbe de
papa se dégèle, nous apercevons déjà de loin nos
montures. Inutile de te dire que tous nos fameux
chevaliers reparurent comme par enchantement :
il s'agissait de la paye... grosse affaire ! Un peu
plus, nous nous donnions rendez-vous chez le
juge de paix. Tout compte fait, nous remontons
à cheval, mais, sans le signal du départ, nous

serions encore à écouter les requêtes de ces mendiants. En avant donc, Macaroni, Beefstake et Lacryma Christi !.. et surtout, pas trop près de Maître Rifulco, car son fouet menace toute la caravane.

« Peu à peu, la pluie s'apaise, notre indignation aussi et la gaîté reparaît avec un rayon de soleil, qui fait resplendir notre équipement. Après la pluie, le beau temps ! Tous nos griefs sont oubliés dans une hilarité générale : pour la première fois je considère mes voisins... quel tableau ! Je ris d'Yvonne, Yvonne rit de moi et insensiblement, en traversant les villages, papa active nos chevaux : il craint sans doute qu'on ne nous admire...

« Il était trois heures quand nous arrivâmes à la gare. Si jamais nous avons fait sensation, c'est bien à Torre dell 'Annunziata ! Bien plus, il nous faut, à six heures, reparaître à l'hôtel de la Riviera, après avoir traversé tout Naples en voiture découverte !

« Ce soir, à l'hôtel, tout le monde parle des deux jeunes filles qui sont allées au Vésuve ; on loue leur courage, on leur demande des explications, des renseignements : c'est comique ! jusqu'à un prêtre qui, nous rencontrant dans l'escalier, nous dit qu'on nous réclamait au salon. Il fallut nous y produire pendant une demi-heure : le prétexte seul de notre correspondance nous permit de remonter. A plus tard d'autres nouvelles.

Rome. — *Lettre d'Yvonne à sa tante.* — « Lundi, 6 février, nous partons de bonne heure en voiture avec le Révérend Père Jarlan et nous gagnons la campagne romaine... Enfin nous arrivons à la catacombe, ou du moins dans le jardin des Trappistes qui recouvre le trésor. Il est huit heures. Le Père Pie vient à notre rencontre et nous fait descendre dans la chapelle Sainte-Cécile, c'est-à-dire dans l'endroit où fut retrouvé le corps de la sainte ainsi que celui de Valérien. A mesure que nous approchons, nous entendons une petite clochette qui nous annonce l'élévation... enfin nous distinguons la lueur des cierges et un prêtre à l'autel : quelle apparition ! Nous nous croyions transportés aux premiers siècles du christianisme. Nous nous prosternons sur ce sol béni et nous entendons la fin de la messe, pendant que le Père Jarlan s'habille et se prépare ; puis, nous le suivons dans la chapelle la plus voisine, appelée chapelle des Papes, parce qu'on y a trouvé les sépultures de onze Papes. C'est là aussi qu'a reposé Tarcisius, le petit martyr de l'Eucharistie ; c'est pour cela que nous y avions fait préparer notre petite fête· Mais que n'y étions-nous tous, au complet !... Le Père à l'autel ; papa, enfant de chœur ; Thérèse et moi comme assistance, prosternées sur cette terre sacrée sur laquelle on ose à peine poser les pieds : voilà le tableau que votre imagination n'aura pas de peine à vous retracer.

« La demi-clarté des cierges, la voix émue du Père, l'accent pénétré de son servant, et plus que tout cela, la présence invisible, mais certaine et sentie, des Vierges, des martyrs qui ont habité ces lieux, nous pénètrent jusqu'à la moelle des os.

« Une petite exhortation du Père nous invite à unir toutes nos intentions aux siennes et nous annonce qu'il offre le Saint Sacrifice pour notre famille et pour la sienne. Puis Notre-Seigneur descend... et avec Lui tout le ciel, tout un ciel de Papes, d'Apôtres, de Vierges... quel moment solennel ! Nous recevons le Pain des Martyrs à la même place où tel ou tel d'entre eux puisa la force de confesser sa foi !

« La messe s'achève... l'action de grâces se prolonge dans un silence délicieux, interrompu seulement par une prière commune que nous récitons pour nos familles et pour « l'enfant qui

va faire sa première communion (¹). » Nous invo-
quons pour elle saint Tarcisius, sainte Cécile,
tous les saints martyrs, et nous nous éloignons à
regret... »

A dessein, nous avons laissé de côté jusqu'ici
la relation des audiences du Saint-Père.

Sur la première, qui eut lieu dans les premiers jours de janvier, les lettres ne donnent
aucun détail d'un intérêt spécial. Sur la seconde,
du 7 février 1888, après une description générale,
Yvonne ajoute : « Enfin le Saint-Père arriva
devant nous : on lui nomma « le comte du
Roscöat et sa famille » — « du Roscöat..., du
Roscöat... » dit-il, cherchant s'il retrouverait
quelque vieux souvenir, mais papa s'empara de
sa main et se mit à lui parler de ses œuvres, de
ses corporations : Léon XIII répondit par des
bénédictions et des conseils. Pendant ce temps,
je m'emparais de son autre main qui tenait un
petit mouchoir de soie et je la baisais ; Thérèse
faisait toucher divers objets à ses vêtements...

« Nous désirions une bénédiction pour Saint-
Aignan ; mais, sentant que l'émotion m'avait
coupé la parole, je ne pus que me retourner vers

____

(¹) Sa jeune sœur Cécile.

papa et lui souffler : Saint-Aignan. En même temps, je pris la main droite du Saint Père pour l'empêcher de s'éloigner. « Très Saint Père, dit papa, mes filles demandent une bénédiction pour le couvent où elles ont été élevées, les religieuses de Saint-Aignan, d'Orléans. » Alors le Saint Père nous regardant toutes deux, nous dit avec une lenteur solennelle et un accent bien senti : « Oui, mes enfants, retournez près de vos chères maîtresses, de vos bonnes institutrices et dites-leur que le Pape les bénit. » Et il s'avança au milieu du salon pour donner une bénédiction solennelle. Quel instant ! Léon XIII, avant de bénir, a un geste sublime : il lève les yeux et semble puiser directement dans le ciel la grâce qu'il va répandre... puis, il étend ses bras sur la foule et prononce lentement, distinctement, les paroles sacrées. Sa voix est sonore, mais trem-blante et saccadée comme celle d'un vieillard. Ce seul moment produit une émotion indicible : tout le monde pleurait.

« Il est impossible de dire le parfum de sain-teté qui s'exhale de toute la personne de Léon XIII. La bonté, l'affabilité rayonnent sur son visage. Il est d'une taille moyenne, un peu voûté, mais il se redresse à chaque instant avec une énergie extraordinaire ! Il est si mince, si frêle, qu'on est tout étonné de le voir marcher et agir comme il le fait. Ses mains, petites et maigres, à moitié recouvertes par des mitaines blanches, sont comme des mains d'enfant ; mais, quand on a le bonheur d'en presser une entre les siennes, on sent ce qu'est la main qui a le pouvoir de lier et de délier dans le ciel ! Ses yeux sont vifs et pénétrants : on dirait que son âme se fait jour à travers son corps... »

La troisième audience est du dimanche 19 février :

« Jour de bonheur ! le bon Saint Père a mis le comble à nos vœux en nous permettant d'assister à la messe dans sa chapelle particulière et de communier de sa main, chose très difficile à obtenir cette année. Rien de plus beau que Léon XIII à l'autel ! c'est une majesté, une sainteté qui ne ressemble à aucune autre. Vraiment on voit à travers ce vieillard la personne même de Jésus-Christ. Tout en lui est surnaturel, on croit être en présence d'une apparition. Il fait tous ses mouvements avec lenteur et dignité ; sa voix est cassée, mais il accentue chaque mot avec tant de distinction qu'on peut suivre toutes les prières. A l'*Et homo factus est* du *Credo*, le Saint Père semble s'anéantir au bas de l'autel. L'*Agnus Dei*, le *Domine non sum dignus* sont prononcés d'un accent à toucher les plus indifférents..... Le Saint Père descend les marches de l'autel, il est plus diaphane que jamais. C'est une grande fatigue pour lui de distribuer la Sainte Communion, mais n'importe ! il sait que cela nous rend heureux, il le fera lui-même. Nous étions là quarante personnes, parmi lesquelles une enfant qui faisait sa première communion.

« Après la messe, nous avons été admis en audience à ses pieds. J'ai pu lui demander sa bénédiction pour mon avenir : « Suivez, m'a-t-il dit, suivez les voies de Dieu ! » Puis, comme je lui disais dans l'oreille ma décision, il me dit en me pressant les mains et d'un air significatif : « Tant mieux, tant mieux ! »

« A la suite de cette petite cérémonie intime, nous avons assisté à la béatification du Vénérable de la Salle. »

Entre temps, le révérend Père Nisser, religieux Barnabite, un peu plus tard général de son ordre et vénéré de tous comme un saint, vint passer quelques jours à Rome. M. du Roscöat le pria d'examiner la vocation d'Yvonne et le bon Père s'acquitta consciencieusement de son mandat.

Rome, 3 janvier 1888. — Lettre d'Yvonne à sa tante. — « J'ai fait ce matin ma visite au Père Nisser. Papa m'a laissée une bonne partie de la matinée avec lui après lui avoir exposé (toujours avec la même amertume) ce qui devait faire le sujet de notre entretien. Le Père m'a accueillie avec une grande bonté, mais j'ai compris tout de suite qu'il ne croyait pas beaucoup à ma vocation, qu'il pensait que je ne ferais jamais qu'une religieuse à moitié, et il semblait même douter de mon amour pour Notre-Seigneur. Pouvait-il me faire une plus grande peine ? je vous le laisse à penser ! Il y a longtemps que je n'avais tant pleuré… cependant j'étais si confondue, si humiliée, si aplatie, que je n'essayais même pas de me défendre… et je suis restée devant lui comme une condamnée.

« D'ailleurs, ce qu'il me disait à l'appui de ses doutes était tellement vrai, que je ne trouvais pas d'objection. Par exemple : « Quand je « vous ai connue toute petite, je me disais : « Yvonne, c'est une bonne petite fille, mais si « étourdie…, si entêtée…, etc. Vraiment, où le « bon Dieu aurait-il été vous chercher ? Je sais « que souvent il va ramasser bien bas ses élus, « ce sera là votre cas, si jamais vous êtes reli- « gieuse ! »

« Après force compliments de ce genre, auxquels je ne pouvais que m'incliner, il m'a fait tout un questionnaire : j'ai répondu comme j'ai pu (pas grand'chose selon mon habitude.) Il me montrait les charmes de ma vie de famille et me présentait tout en noir dans la vie religieuse, me détaillant les peines de corps et de cœur qui peuvent s'y rencontrer. « Ce qui me fait frémir, « ajoutait-il, c'est votre inexpérience... vous « n'avez pas eu de tentations, vous n'avez pas été « à l'épreuve... »

« Puis il a paru supposer que j'allais à Saint-Aignan pour *vous*, pauvre tante chérie ! comme si vous ne saviez pas que je place mon Jésus avant vous et que je ne vous désire qu'en Lui ! Cela m'a été très amer et j'ai retrouvé la parole pour lui dire que j'étais toute prête à m'en aller bien loin de vous pendant qu'il en était encore temps, si Notre Seigneur me le demandait, que cela ne me coûterait même pas, puisque je vous trouve partout en Lui.

« Le Père m'a fait encore d'autres remarques qui m'ont poussée à bout. J'ai fini par penser que peut-être je devais, pour la gloire de Dieu, renoncer à mes idées de vie religieuse. Alors j'ai proposé de vivre dans le monde, si le bon plaisir de Notre-Seigneur devait en être plus satisfait...

mais j'aurais mieux aimé mourir ! Je ne savais
où j'en étais, le Père m'avait tellement humiliée
que je n'osais plus m'avouer à moi-même mon
ambition !

« Enfin, il eut pitié de moi : « Pauvre Yvonne,
« malgré tout cela, il faut bien que je vous dise
« que le bon Sauveur vous aime, que votre voca-
« tion est véritable et que, dans un moment qui
« n'est pas encore déterminé, vous la suivrez... »

« ..... Plus tard, vous pourrez avoir des heures
« difficiles, des doutes sur votre vocation ; vous
« pourrez vous imaginer n'être dans la commu-
« nauté qu'un membre inutile, désagréable et à
« charge à tout le monde : eh bien ! dites-vous
« dans ces moments-là : Je resterai ici malgré
« tout, c'est ma place. . . . .

. . . .

« Ensuite il a repris : « N'oubliez pas que
« vous devez tant de grâces aux vertus, à la
« sainteté de vos parents. Votre tante Fanny me
« disait souvent : Oh ! que je prie pour Yvonne et
« Thérèse ! Je demande au bon Dieu que le
« monde ne les touche pas... Vous ne saviez
« peut-être pas cela, mais il faut bien que je vous
« l'apprenne... »

« Le Père m'a dit aussi : « Le sacrifice est votre
« voie, la souffrance est votre partage ; cela ira

« toujours en augmentant, peut-être jusqu'à votre
« dernier soupir..... Aux jeunes filles, on pro-
« pose comme modèle Marie Immaculée ; pour
« vous : *Mater dolorosa*. Dites cela à votre tante
« Joseph-Emmanuel, voilà ce que je pense de
« votre vocation. Il faut que vous deveniez telle-
« ment unie à votre Jésus, que vous disparaissiez
« entièrement et qu'il prenne votre place. Vous
« serez son bien, sa petite chose à Lui... Vous
« n'aurez plus rien à vous, même spirituellement.
« Vos petits mérites, vos indulgences, vos
« prières, vous n'en disposerez plus vous-même,
« ils seront son bien, il en fera ce qu'il lui
« plaira. Vous n'aurez plus de volonté, plus de
« désir et, par un regard continuel vers Jésus,
« vous direz en chaque chose : Oui, Seigneur,
« c'est pour vous ! Vous ne ferez pas seulement
« sa volonté, mais son bon plaisir et vous aurez
« pour devise : « Je fais toujours ce qui plaît à
« mon Père. »

« J'étais un peu rassérénée, car je me retrou-
vais en pays de connaissance : il m'exprimait en
termes à lui, tout ce que je me suis entendu dire
souvent.

« Mais en voilà assez. J'ai pensé que vous
seriez heureuse de savoir ces détails et je me
suis laissé entraîner. »

Rome, le 15 janvier. — « J'ai revu le bon Père jeudi dernier, la veille de son départ pour Pérouse. Aussitôt qu'il m'a aperçue, il m'a tendu les mains et m'a demandé : « Eh bien ! mon « enfant, comment ça va-t-il ? » Je lui ai répondu que j'avais un grief contre lui parce que, d'après ce qu'il m'avait dit, je craignais de ne pas aimer véritablement le bon Dieu. — « Comment ! vous « avez pu vous faire cette idée-là et vivre mal- « heureuse depuis ce jour ? Pauvre enfant, Dieu « me garde de croire une pareille chose ! Oh ! « non, non. Je vous dis au contraire et j'en suis « convaincu : Si, le bon Dieu vous aime ; si, « vous l'aimez, votre cœur va tout droit à Lui, « ça ne fait pas un pli. Il pourra vous venir de « ces moments douloureux où il vous semblera, « en effet, que vous n'aimez pas le bon Dieu : « vous ne sentirez plus l'élan de l'amour, l'ar- « deur de la ferveur ; cela n'y fera rien, dites- « vous que vous l'aimez et qu'il vous aime. »

« En me recommandant de prendre maman comme modèle d'abnégation : « Quand vous « serez religieuse, vous ferez toujours ainsi : une « place et une pensée pour toutes les autres..., « pour vous, s'il en reste, ce sera bien ; s'il n'en « reste pas, ce sera encore mieux... »

« J'ai parlé de l'époque du départ et demandé

ce que je devais faire : « Le plus tôt possible...
« je ne vois ,aucun motif pour attendre. » Vers
la fin de la conversation, maman est entrée :
« Pour moi, lui a dit le Père, cette enfant doit
« partir. J'ai fait en conscience tout ce que je
« devais faire... j'ai réfléchi, j'ai prié afin que
« mon pauvre esprit ne m'égare pas et, vraiment,
« je ne puis avoir l'ombre d'un doute. Ce n'est
« pas l'enthousiasme... elle sait ce qu'elle
« fait..., etc... » A tout cela maman n'opposait
rien : on sentait que son opinion était faite
depuis longtemps... Enfin, après un long silence,
le Père dit : « Yvonne me demandait tout à
« l'heure : Et quand sera-ce ? » Maman, qui ne
s'attendait pas à cette explication, crut l'éviter en
disant : « Elle est encore bien jeune, rien ne
« presse... il faut au moins qu'elle soit majeure. »
Il prit la chose en riant de tout son cœur : « Ah !
« majeure !... le bon Dieu fait les majeurs quand
« il lui plaît. Non, non, laissez tout cela de
« côté. Puisque la volonté de Dieu est manifeste
« et que rien n'oppose de réelle difficulté, il faut
« être généreux..... »

Le 22 février, la famille du Roscöat quittait
Rome et, après avoir visité Assise, Lorette,
Ancône, Bologne, Padoue, Venise, Milan et
Turin, elle rentrait en France.

Nous retrouvons Yvonne à Orléans dans le cours du mois de mars. Elle écrit dans son journal : « Me voici, mon Dieu, pour faire votre volonté. Selon toute probabilité, je n'ai plus que quelques mois à passer dans le monde... Est-il possible, ô Jésus, que je sois si près de vous ! et que faire pour me préparer à cet instant si désiré ?...

« Me *recueillir* d'abord : secouer bien vite la poussière et les distractions du voyage, me replacer bien calme entre vos mains et sous votre divin regard, attentive, docile, toujours prête.....

« Me *purifier* : oui, mon Jésus, je veux être pure ! je veux que rien en moi ne blesse votre regard ! je veux que vous trouviez vos délices dans mon cœur... purifier ma conscience par un examen plus fidèle et plus délicat — purifier mes intentions en vous les offrant plus souvent — purifier mes pensées et mes désirs en les dirigeant plus uniquement sur vous — purifier mon amour en me détournant de tout ce qui n'est pas Vous ou vôtre et vous consacrant jour et nuit tous les battements de mon cœur !

« Me *parer* : oui, mon Jésus, je veux être belle, je veux vous charmer et séduire votre cœur ! je veux que vous veniez avec plaisir au-devant de votre petite fiancée... me parer de renoncement, d'humilité, de sacrifices. Mais, hélas ! je le sens, mes efforts ne satisferont pas mon amour ! Je ne serai jamais qu'un tissu de misères, un objet tristement indigne de vous... Mon Jésus, ne laissez pas ce nuage sur mon bonheur, mais plutôt parez-moi vous-même. Je vous abandonne mon corps et mon âme, embellissez-les du vêtement de grâce et de vertu qui sera seul digne de vous être présenté. »

Le Vendredi-Saint, elle note les conseils d'une direction que sa foi lui fait regarder comme la direction même de Jésus-Christ : « Abandon total..... Notre-Seigneur prend à tâche de vous annihiler à vos propres yeux, ce n'est qu'à cette condition qu'il pourra vous faire servir à sa gloire. »

— « O mon Dieu, ajoute-t-elle, je ne désire ni le soulagement à mes peines, ni l'allégement à ma souffrance ; je demande seulement la force de me soutenir jusqu'au bout, d'être fidèle jusqu'à la mort ; avec cela, j'accepte tout, je suis heureuse de tout. »

Quelque temps après le retour de la chère enfant, notre Révérende Mère recevait un album renfermant de superbes et nombreuses photographies, reproductions de la plupart des beautés et surtout des chefs-d'œuvre de l'art chrétien que nos voyageurs avaient admiré en Italie.

L'album était accompagné des lignes suivantes :

« Permettez-moi, ma bien chère Mère, de vous offrir ce souvenir de mon voyage de Rome. J'y ai consacré mes dernières petites économies de jeune fille, dans le but de vous faire partager le bonheur que j'ai eu à la vue de tant de belles et saintes choses, et de vous faire connaître par avance cette chère Rome que vous verrez un jour, je l'espère... »

Avec les fleurs et le soleil de mai, on repartit comme chaque année pour la campagne, sans qu'Yvonne put prévoir le terme de son épreuve.

« Nous voici donc, écrit Thérèse, encore une fois installés dans cette Matholière qui paraîtra bientôt si vide !... Non, pas vide puisque nous aurons toujours Notre-Seigneur tout près, mais...

« Papa semble penser beaucoup, quoiqu'il cherche à ne pas le montrer. Maman est triste, Yvonne ne peut être bien gaie au milieu de tout cela. Nous avons un peu causé toutes deux hier soir: elle me dit qu'elle espère beaucoup dans la retraite que papa fera prochainement...

« Elle continue ses catéchismes et ses réunions du dimanche ; nous faisons le mois de Marie tous les soirs, il y vient beaucoup de monde. Que nous sommes heureux d'avoir une chapelle ! Quelles forces on y puise dans les moments de pareille agonie !...

« Il faut ajouter aussi que, tout en pleurant, je pense avec consolation que le cadeau que nous allons offrir au bon Dieu est bien agréable à ses yeux, par lui-même d'abord, et puis... parce qu'il nous coûte tant !... »

Cependant M. du Roscöat ne s'avouait pas encore vaincu :

« Maman ne fait plus aucune objection, écrivait Yvonne, il n'y a plus qu'à décider papa, et le Saint-Esprit fera cela pendant sa retraite. J'attends maintenant avec autant de confiance que d'anxiété, et je répète sans cesse à Notre-Seigneur : « Mon cœur est prêt, ô mon Dieu. » Souvent aussi, quand l'attente me paraît longue, je lui dis : « Seigneur Jésus, vous ne voulez donc pas de mes vingt ans ? Si vous tardez trop, je vous en apporterai vingt et un !... »

A son Père, le 23 mai :

Mon cher petit papa,

« Je ne viens vous dire qu'un mot, car je ne

veux pas troubler votre retraite ; mais ce mot, je vous prierai de le méditer devant le bon Dieu.

« Je veux vous demander simplement ceci : *Quand* me permettrez-vous de suivre ma vocation ? Mon pauvre papa, je sais que cette question vous fera de la peine, et c'est pourquoi j'ai attendu pour vous la poser le moment où vous seriez le plus près du Dieu de consolation.

« Ce ne sont pas des instances que je viens vous faire... Je ne veux ni vous presser ni vous arracher quoi que ce soit... Je veux seulement vous rappeler ce que je vous ai dit déjà : que, pour moi, je suis prête à accomplir la volonté de Dieu.

« Vous m'avez demandé d'attendre : je le fais. Mais je ne puis ni ne dois vous laisser oublier que le bon Dieu aussi *attend...* Il m'attend, ou plutôt *Il vous attend*, car il sait que c'est de vous seul que dépend l'accomplissement de sa volonté ; Il sait que, le jour où vous me le permettrez, j'obéirai sans délai à son appel.

« Je n'insiste pas davantage, mon cher papa... Maman a dû vous dire la proposition que je lui ai soumise pour l'époque de mon départ, et à laquelle elle n'a pas fait d'opposition...

« Je vous livre ces pensées et prie le Saint-Esprit d'éclairer votre décision.

« Adieu, mon cher papa, je veux vous laisser sur cette consolante parole du Père de Pontlevoy qui, s'adressant sans doute à un père comme vous, en parlant d'une jeune fille comme moi, disait : « Entre mon cœur et le vôtre, il n'y aura que le Cœur de Jésus : or, Il ne sépare pas, Il unit ! »

« Je vous embrasse tendrement. »

La réponse à ces lignes ne fut pas aussi complète qu'Yvonne le désirait ; alors elle écrivit de nouveau avec une énergie qui prouve deux choses : sa haute idée de la foi de son père et la certitude où elle était que ce père tant aimé ne pouvait mettre en doute la sincérité et la profondeur de son amour filial :

Mon cher papa,

« Combien je vous remercie de votre bonne et affectueuse lettre ! Je vous assure qu'elle a bien adouci la violence que j'avais dû faire à mon cœur pour retourner le glaive dans le vôtre...

Cependant il y a encore quelque chose qui ne me satisfait pas entièrement. Vous dites, mon cher papa : « Non, je ne te disputerai pas au bon Dieu *quand il aura parlé*... » J'avoue que je n'en suis plus à attendre qu'il parle... Il y a longtemps que son appel est assez fort et assez irrésistible pour que je n'aie pas la moindre hésitation ! Je le sais bien : cet appel qui a lieu au plus intime de mon âme, ne peut être entendu que de moi... Mais, mon cher papa, le bon Dieu ne vous a-t-il pas parlé à vous aussi, par l'organe de son ministre ?

« Que vous a dit mon confesseur ? que vous a dit le Père Nisser après son consciencieux examen ! J'ai conservé par écrit ses paroles, parce qu'elles sont pour moi-même l'expression extérieure et formelle de la volonté de Dieu : « Cette « vocation est véritable... cette enfant doit partir... « je n'en ai pas l'ombre d'un doute... etc... »

« Il me semble qu'à moins de vous apparaître Lui-même et de vous parler en personne, le bon Dieu ne peut rien dire de plus clair.

« J'espère donc, et je fais ici appel, non plus à un acte de résignation, mais à un acte de générosité, j'espère que vous ne retarderez plus l'accomplissement de sa volonté. J'espère que vous ne me ferez pas languir plus longtemps... car, je dois vous l'avouer, mon cher papa, j'ai tellement acquis la certitude que le moment est venu de me donner au bon Dieu, que tout délai n'est pour moi qu'une souffrance. Malgré les douceurs de la vie de famille, malgré la tendresse dont vous m'entourez, je sens que je ne suis pas où Dieu me veut, et dès lors, je ne puis trouver de jouissance en rien. Je vous en prie, laissez-moi partir avant les vacances. Que nous servira dans l'éternité d'avoir disputé deux mois au bon Dieu ? Serons-nous même beaucoup plus heureux en cette vie pour avoir prolongé volontairement cette agonie !

« Pardonnez-moi si j'ai dû vous parler si franchement, mon cher papa, c'est que j'ai toute confiance d'être comprise. »

Cette fois, le bon Dieu triompha des résistances paternelles. Yvonne écrit le 12 juin : « Tout ce que j'espérais s'est fait dans la résignation et dans la paix. Papa est revenu de sa retraite transformé et tout sanctifié par l'acceptation du sacrifice... Une seule petite hésitation lui reste encore relativement à la date de mon entrée avant les vacances, mais cela ne tient plus qu'à un fil. La Sainte Vierge fera le reste, demandez-le lui avec nous...

« Voilà deux mariages dans notre famille qui s'annoncent pour la fin de juillet... je suis menacée d'être demoiselle d'honneur...

Jugez un peu comme cela viendrait à propos... enfin, comme le bon Dieu voudra ! »

Le bon Dieu *voulut* ou du moins *permit*. .

Quinze jours environ avant son départ pour Saint-Aignan, la future postulante remplit le rôle sus-indiqué par elle et s'en acquitta d'une façon charmante. Il dut lui en coûter beaucoup de paraître en public dans un tel moment, mais, nous dit sa sœur, elle aurait plus souffert encore de faire de la peine à papa et à nos cousins par un refus. Quant à M. du Roscöat : « J'ai accepté l'invitation, disait-il, parce que je voulais que la vie s'écoulât jusqu'au bout suivant son cours ordinaire, et qu'il n'y avait pas de motif plausible à donner pour priver de bons parents d'une preuve d'affection qui leur a été fort sensible, et qui le leur sera bien plus encore quand ils sauront... »

Forcément ils ne tardèrent pas à savoir. Or, détail assez piquant, un de leurs amis, jeune officier resté sous le charme de la gracieuse simplicité d'Yvonne, disait quelque temps après au nouveau marié : Sais-tu que cette jeune fille-là me conviendrait bien ! — Mon pauvre ami, tu viens trop tard, répondit Monsieur*", mis au courant des choses depuis son mariage. — Trop tard ? — Hélas ! oui... elle a trouvé *mieux que toi*. » Et il expliqua d'un mot son apparente injure.

Selon l'espoir exprimé par Yvonne dans sa lettre du 12 juin, la Sainte Vierge intervint avec sa tendre mais souveraine toute-puissance, et la

date du départ fut fixée au 3 août. « Le voilà donc
qui approche le moment que j'ai tant désiré ! (¹).
Mon Dieu, que le temps m'a paru long depuis
que j'ai compris ce que Notre-Seigneur daignait
me faire entendre ! Enfin, dans quinze jours, je
serai toute à Lui et ce sera sans retour, car
j'aurai beau avoir une grande transformation à
subir avant de devenir dans toute l'acception du
mot une religieuse, du moins mes défauts et mes
misères ne seront pas un obstacle à ce que, dès
le premier jour, je me donne à Dieu irrévoca-
blement. Oui, dès le premier jour, je veux
m'abandonner tout entière entre vos mains, ma
bonne Mère, pour n'avoir plus d'autre désir,
d'autre volonté que les vôtres, pour que vous
fassiez de moi une vraie enfant de la Croix et de
l'Eucharistie. Je ne sais comment j'ose vous
dire cela, je me sens si incapable et si indigne !
Je m'arrête quelquefois tout effrayée et je me
demande si je vais être en mesure de faire ce
qu'il faudra. Enfin, le bon Dieu y pourvoira, je
m'abandonne à Lui de tout mon cœur... Priez
Notre-Seigneur qu'il nous soutienne tous pendant ces derniers jours. Mes pauvres parents
sont brisés ; papa me prodigue ses témoignages

_____

(¹) Lettre à notre Révérende Mère, juillet 1888.

d'affection et de regret ; j'avoue que ce dernier combat me fait verser plus de larmes que les précédents. Ma pauvre maman concentre toutes ses souffrances, de peur d'augmenter les miennes. Elle pense à tout, prévoit tout et voudrait, s'il était possible, se réserver à elle seule le soin de mille petits détails, si pénibles, il me semble, pour le cœur d'une mère. Jusqu'ici, nous avons mené extérieurement le même train que par le passé ; hier encore, nous ne sommes rentrés qu'à dix heures et demie ; heureusement c'est notre dernière sortie. Thérèse avait sangloté une partie de la journée en me voyant faire mes paquets ; comme elle a dû souffrir pendant toute cette soirée ! Marguerite-Marie et Elisabeth sont dans une ignorance complète, elles se réjouissent de partir pour la première communion de Cécile (¹) et attendent les vacances avec impatience. »

Dans le même temps, son père écrivait : « Quel vide va se creuser ! rien ne remplacera le charme inexprimable répandu autour de cette enfant qu'on ne pouvait voir sans être attiré. Les regrets seront, je crois, plus grands que l'étonnement… mais c'est bien égal qu'on regrette ou qu'on

---

(¹) Des circonstances imprévues avaient exceptionnelle-m·nt retardé la première Communion jusqu'au 28 juillet.

s'étonne, dès lors qu'on est impuissant et qu'il faut s'incliner en bénissant la main qui frappe.

« Cécile a répondu une lettre charmante pour son âge, surprenante même de jugement. Ce sacrifice lui servira pour préparation à la Communion. — Prie pour Abraham. Adieu ! » (¹).

Journal. — Lundi, 23 juillet. — « Hier, adieux à Angèle, aux enfants, aux jeunes filles. Aujourd'hui, adieux à la chapelle, à la Matholière.. Mon Dieu, vous seul et pour toujours !

Orléans, 3 août. — Je pars à cinq heures du soir au milieu de brisements de cœur inexprimables ! O mon Dieu, je suis à Vous sans réserve, je vous offre mon cœur brisé et mes affections sacrifiées. Recevez-moi, ô Jésus, vous serez désormais mon père, ma mère, mes sœurs, mon Tout ! Me voici, mon Jésus, pour faire votre volonté !... »

Avant de partir, elle écrivit pour sa mère et sa sœur Thérèse :

Je sais que mon bonheur est au prix de vos larmes,
Hélas !.. mais je vous laisse un Jésus plein de charmes :
Quand je serai partie et que vous pleurerez,
Jetez-vous dans son cœur, vous m'y retrouverez !

(¹) Lettre à sa sœur.

CHAPITRE V

Le postulat. — Le noviciat.

Le 3 août, premier vendredi du mois, entre cinq et six heures du soir, Yvonne conduite par son père et sa mère franchissait enfin, à titre de postulante, le seuil de cette maison de l'Eucharistie que, onze ans auparavant, elle avait franchi de par la volonté de M. et de Mme du Roscöat pour se préparer à sa première communion, en se laissant façonner et en travaillant à implanter dans son âme les vertus contraires aux défauts qu'avec regret on remarquait en elle. — Dans ces onze années, quel travail de la grâce d'une part, et du côté d'Yvonne, quelle généreuse correspondance ! « *Gratia Dei in me vacua non fuit* », aurait-elle bien pu dire avec l'Apôtre !

En la quittant, son père lui remit un papier portant ce titre : Adieux à mon Yvonne.

« . . . . Tu étais bien jeune quand ta mère et moi, nous te confiâmes aux soins de ta tante, au couvent de Saint-Aignan.

« Je n'ai pas oublié qu'alors j'avais remarqué dans ton caractère une certaine insouciance qui, sans aller jusqu'à la mauvaise humeur, me donnait pourtant la crainte que ce ne fût l'indice d'un caractère personnel et égoïste. Je le signalai à ta tante pour qu'on y remédiât, si le besoin s'en faisait sentir...

« Depuis, on ne t'a pas épargné l'enseignement de l'amour du prochain et le zèle pour le bien à faire autour de toi.

« Il faut reconnaître, chère enfant, que tu as bien profité des conseils qu'on t'a donnés, mais le bon Dieu avait sans doute parlé plus éloquemment encore à ton cœur.

« Se dévouer... voilà pour toi la suprême aspiration !.. Oui, se dévouer au pied de l'autel, sans plus entendre le bruit du monde avec ses notes discordantes, ses folles joies souvent troublées par d'amères douleurs, sans plus voir ses vanités de toutes sortes qui ne peuvent remplir un cœur sincère. Je comprends cette légitime ambition.

« Mais pourtant... en regardant ta mère et tant d'autres qui lui ressemblent... ne juges-tu pas qu'en dédaignant toutes ces vanités, il y a

encore moyen de se dévouer utilement, de servir
amoureusement le divin Maître, qui prisait également Marthe et Marie, bien que celle-ci eût
choisi la meilleure part... Non ! ce dévouement
ne te suffisait pas... il te fallait les absolus
oublis des choses terrestres, les élans exclusifs
de l'amour divin. Oh ! si, dans les épanche-
ments intimes de l'union eucharistique, Jésus t'a
dit un jour, et s'il te dit encore : « Viens à moi...
je veux être seul ton partage... » que pourrais-je
ajouter moi, ton père, si ce n'est de te dire :
« *Hodie si vocem ejus audieritis, nolite obdurare
corda vestra.* » . . . . . .

. . . .

« Maintenant, chère Yvonne, je te dois un re-
mercîment pour toutes les consolations que tu
m'as données, pour ta docilité et aussi ton dévouement à tes sœurs. Ce charme de la famille
auquel tu apportais si bien ta part, nous tâcherons de ne pas le rompre par une morosité hors
de propos.

« Nous tâcherons de bénir encore le bon Dieu
de tant de grâces qu'Il nous a faites ; nous le
prierons de nous les continuer, et, malgré la
peine de cœur que j'éprouve aujourd'hui, je te
bénis de toute mon âme, en priant le Seigneur

de donner toute l'efficacité possible à ce vœu paternel.... »

On l'a déjà vu, si le cœur de M. et de Mme du Roscöat était déchiré par le glaive de la séparation, celui de leur fille l'était aussi, nonobstant ses brûlantes aspirations vers la vie religieuse ; mais elle souffrait plus encore de leur souffrance que de la sienne. Dès le lendemain de son entrée au postulat, elle écrivait à sa mère : « Mon cœur et ma pensée ne vous ont pas quittée non plus que mon cher papa, depuis hier soir, et j'ai bien prié le bon Dieu de vous soutenir jusqu'au bout. Oh ! que je vous remercie de m'avoir si généreusement abandonnée à Lui ! Je ne saurai jamais vous dire combien j'ai été consolée, fortifiée par votre courage à tous les deux, car, moi aussi, j'ai besoin de courage. Ce n'est pas sans qu'il en coûte que l'on quitte un père et une mère tels que vous...

. . . .

« Je sens que je suis bien impuissante à vous consoler ; je demande à Notre-Seigneur de le faire lui-même, et j'espère que bientôt vous serez heureux d'un bonheur profond et intime, parce que vous goûterez le calme que Dieu donne à l'âme après les grandes douleurs.

« Pour moi, je suis bien heureuse ici et je le serai complètement quand de la Matholière vous pourrez m'écrire que vous êtes tous rassérénés. »

Ce dernier vœu, Notre-Seigneur l'exauça en versant peu à peu le baume de la résignation sur les blessures faites par sa main divine. Les regrets subsistaient, mais sans amertume :

« Votre affection se demande souvent, écrit Thérèse à sa tante, comment est la Matholière sans Yvonne. Je ne vous l'apprendrai pas : c'est un parterre où il manque la plus belle fleur, c'est une réunion d'âmes qui souffrent, mais d'âmes chrétiennes au milieu desquelles habite l'Ami des amis.

« Toutes choses ont repris leur cours comme auparavant ; seulement les chansons du nid sont moins douces, le plus beau rossignol est parti.

« Il nous arrive toujours d'excellentes lettres à mesure que la nouvelle se répand. »

Presque à la même date, sœur Yvonne recevait de son père les lignes suivantes, où évidemment la nature et la foi sont encore aux prises :

« Un mot, chère enfant, avant que tu te confines en retraite. Prie bien pour X dont le moment approche, sinon pour mourir, au moins pour perdre le sens des choses. Les religieuses

sont sans doute inventées pour prier pour ceux qui
ne prient pas assez ; à l'ouvrage donc !

... « Au milieu des bruyères de Sologne, j'ai
porté partout avec moi la triste nouvelle de notre
séparation... Je me fais l'effet d'un roi détrôné
qui pleure sa couronne et n'ose plus se montrer
sans cet insigne de sa gloire. Il est vrai que tout
le monde, en me plaignant, me félicite. L'essentiel
n'est pas que le public ni nous-mêmes soyons
contents, mais que Dieu le soit. Demande-lui
bien de me rendre tel qu'Il le veut... cela me
suffirait, mais hélas !... »

La retraite où il était question pour elle « de
se confiner » allait s'ouvrir le vingt août. Sans
attendre ces jours d'absolu recueillement, d'étude
plus profonde de soi-même et de ses devoirs en
face de Notre-Seigneur, la postulante avait écrit
dans ses notes personnelles :

« Dès que je vais être un peu remise corps et
âme et que je serai au courant des habitudes de
la maison, je veux, avec la grâce de Dieu, me
plonger tout entière dans le silence et la fidélité
à tous les détails de ma nouvelle vie, redoubler
mes efforts en humilité : m'effacer, me taire,
m'oublier.

« Comme préparation à la retraite, reposer
mon âme aux pieds de Notre-Seigneur, la

rasseoir et implorer humblement les lumières qui me sont refusées depuis si longtemps. »

La retraite commencée, nous extrayons ceci de son petit mémorial :

« *But* de ma retraite : me connaître, m'estimer à ma juste valeur, c'est-à-dire me détester, me mépriser sincèrement, cordialement. Je repasserai dans ma mémoire les grâces sans nombre que j'ai reçues de Dieu — d'autre part, les infidélités, les lâchetés par lesquelles j'y ai répondu... mes misères de chaque jour, mes défauts naturels : timidité mal placée, distraction, mollesse... et la froideur de mes rapports avec Notre-Seigneur. Je me laisserai pénétrer, imbiber de confusion et de honte et je me tiendrai prosternée sous les pieds de Notre-Seigneur, en lui criant comme le pauvre aveugle de l'Evangile : « Jésus, fils de David, ayez pitié de moi ! »

— Mon Dieu, je vous aime et j'aime tout ce qui me vient de vous : que votre main me caresse ou me frappe, c'est tout un, pourvu qu'elle se repose sur moi !

— Toute ma vigilance, tous mes efforts se porteront sur l'amour-propre, en tant qu'inspirateur de mes pensées, de mes démarches. C'est donc la désoccupation, le désintéressement de moi-même que j'entreprends. Substituer au *moi* le « *Moi* » de Notre-Seigneur, ce sera le travail de mon examen particulier : approfondir, disséquer actes, paroles, sentiments. Me demander : *Pourquoi* cet acte ? *Pour qui* ?... Constater humblement la réponse aux pieds de Notre-Seigneur : « Ici, Seigneur, j'ai pris votre place ; là encore, j'ai pensé à moi, etc... » Ne rien laisser passer ; ensuite, noter et me punir, cela avec calme, sans trouble ni indignation contre moi-même, dans la confiance, dans l'amour ; et puis, implorer de nouvelles lumières : rien n'est bon comme ces lumières humiliantes !

— Marcher toujours sous le regard de Dieu et de mes supérieures, dans la droiture et la simplicité, sans calcul, sans examen de ce qu'on peut dire ou penser autour de moi.

« Dieu est devant moi, je suis à Lui, je vais à Lui : qui donc, quoi donc pourrait m'en détourner ? »

De ce plan qu'elle se traçait au lendemain de son entrée dans la vie religieuse, nous aimons à rapprocher immédiatement ce témoignage rendu après sa mort : « Je n'ai jamais connu personne si simple dans le regard jeté sur elle-même. Elle s'oubliait, elle s'effaçait, vivait tellement sous le regard de Dieu que celui des hommes ne l'arrêtait jamais. »

Les exercices de la retraite terminés, elle écrit :
« Voilà, je crois, une bonne retraite ; ce qui m'en
reste, ce n'est pas l'émotion, ce n'est pas l'enthousiasme, c'est la volonté froide et résolue d'embrasser de tout mon cœur la voie du sacrifice,
de l'obéissance, de l'humiliation, de l'abandon
joyeux à la volonté de Dieu ; ce n'est pas la
ferveur sensible, mais la ferveur de la volonté. »

Disons-le carrément : ce genre de ferveur était
bien celui qui convenait le mieux à sa situation
du moment, car dans son cours habituel, la vie
religieuse, le postulat surtout, n'a rien qui excite
l'enthousiasme. S'il faut en donner une preuve,
on la trouvera dans les lignes suivantes :

« J'ai été bien occupée depuis la retraite, et
encore aujourd'hui je ne vous écris qu'en courant.
Vous vous demandez sans doute quelles peuvent
être les graves occupations d'une pauvre petite
postulante ? Assurément elles sont d'une bien
minime importance et ne font pas grand bruit dans
une communauté ; mais tout ce qui est d'obéissance est important, ne fût-ce que d'ôter quelques
grains de poussière, exercice auquel je m'ap-
plique jusqu'à présent avec fort peu de succès. »

Donc, rien d'intéressant à relater durant cette
période de sa vie, si ce n'est l'histoire intérieure
de son âme.

Octobre. — Retraite du mois. — « Allons, allons, continuons le combat contre moi-même.— Etouffer tout germe d'attache naturelle. — Veiller spécialement sur mes récréations : c'est là que je trouverai à me cacher pour faire ressortir les autres ; m'y appliquer... ne paraître jamais qu'avec un front serein et un visage joyeux, même si j'ai de la peine : cela, par devoir et par charité. »

2 décembre. — « Comment s'est passé le mois qui vient de finir ? J'ai souffert beaucoup ; l'agonie intérieure a été ma disposition la plus habituelle : le trouble, l'obscurité ont envahi mon âme qui, bien souvent, ne savait plus que devenir, privée qu'elle est de la vue de Notre-Seigneur. Je me suis réfugiée dans la fidélité à mon devoir de chaque moment et à tous les devoirs de la règle, ne voyant de sécurité que là.

« Mon Dieu, je veux bien souffrir jusqu'à la mort, pourvu que je ne vous offense pas ; je veux bien rester toujours un instrument inutile, un membre bon à rien, pourvu que vous tiriez votre gloire de mon infirmité. O Jésus, j'aime ma souffrance, ne m'abandonnez pas. »

8 décembre. — « Mon Bien-Aimé est à moi et

je suis à Lui ! Aujourd'hui, fête de l'Immaculée-Conception de la Sainte Vierge, je me suis consacrée à Notre-Seigneur par le vœu de virginité, que je devrai renouveler le jour de ma prise d'habit avec une nouvelle permission de mes supérieurs. Il est à moi ! je suis à Lui ! quel mystère ! quelle merveille ! je suis liée à Lui, Il est lié à moi, je suis son bien, il est mon tout, je suis son épouse, il est mon époux... Je me perds dans cette pensée, je me plonge dans cet abîme d'amour de la part de mon Dieu, et je savoure la joie amère que m'a apportée le divin Maître. Mon Dieu, prenez soin de ce qui vous appartient, faites-moi un cœur grand pour vous aimer sans mesure, une âme forte et généreuse pour souffrir sans choix et sans consolation. Et puis, commandez-moi tout ce que vous voudrez... Et maintenant, courage ! mes forces sont doublées...

« Me nourrir du devoir... marcher malgré les ténèbres, toute livrée, toute abandonnée... »

1ᵉʳ mars. — A l'approche de sa prise d'habit. — « Je suis dans une indécision, un vague, un trouble désolants ! nullité complète de ma vie intérieure, indifférence, apathie, abattement physique et moral.

« Je n'ai qu'un désir et qu'une prière, c'est de mourir avant ma prise d'habit plutôt que de traîner ma vie religieuse dans cette torpeur-là.

« Mon Dieu, si je ne dois pas être une religieuse fervente, une épouse fidèle, si je dois trahir et déshonorer par ma tiédeur le saint habit que vous m'offrez, faites-moi la grâce de mourir à cette heure. Quand même je devrais tomber en enfer, je vous aurai toujours moins longtemps offensé.

« Je ne sens que frayeur et que crainte, et mon âme est accablée sous ces tristes pensées en voyant approcher le 19 mars. »

La retraite préparatoire à sa vêture se passa dans les mêmes angoisses.

« Notre Mère Maîtresse s'occupe de nous avec une grande bonté ; elle met tout son cœur à nous parler de l'amour de prédilection de Jésus pour nous, du désir qu'il a de nous unir à Lui, du grand bonheur qu'il nous prépare : être sa fiancée... être sa petite épouse !...

« J'entends tout cela comme s'il s'agissait d'une autre que moi. J'ai l'âme fermée à tout sentiment d'amour et de bonheur. Au contraire, la frayeur, la tristesse surabondent ; je suis obli-

gée de fermer les yeux et de faire des actes de
foi et d'abandon. »

18 *mars*. — « Notre Révérende Mère a eu la
délicatesse de me ménager un petit entretien au
parloir avec M. l'Aumônier. Le seul mot qui lui
soit venu à l'esprit, qu'il ait pu me commenter
et me laisser dans l'âme, à l'occasion de ma
prise d'habit, est celui-ci : « Il faut que le grain
de froment meure en terre, qu'il y soit enseveli,
qu'il y pourrisse, si l'on veut qu'il porte des
fruits. Allons, laissez s'accomplir en vous l'œuvre
de la mort. Si vous êtes trop anéantie pour vous
immoler demain vous-même, laissez-vous conduire comme une victime qu'on mène au sacrifice » . . . .

. . . .

« Dans la soirée, j'ai reçu à genoux avec le
pardon de mes parents leur bénédiction paternelle, comme à la veille de ma première communion. J'ai eu le bonheur de les trouver calmes et
forts. Tout le monde m'entoure d'affection ; mon
Dieu, que je suis confuse !... Vous seul savez ce
que je vaux et ce que je mérite. Recevez tout et
répondez à tout ; pour moi, je suis comme un
pur néant devant Vous. »

19 *mars* 1889. — Saint Joseph.

Hæc dies quam fecit Dominus !...

« Au moment de la communion, je renouvelle mon vœu de virginité pour le reste de mon noviciat. Je me confie à sainte Agnès, modèle de pureté et d'innocence, de force et de douceur, et je m'offre à Notre-Seigneur pour être vraiment comme un *agneau sur la Croix.* . . . .

. . . .

A travers le compte rendu sommaire de la cérémonie de vêture. — « Dieu soit béni, mes chères filles ! nous dit Monseigneur après les solennelles questions du début... venez aux pieds du Crucifix, donnez-vous à votre famille religieuse et à celle qui la gouverne au nom de Marie Immaculée, Reine, Mère et Supérieure de la Congrégation. »

« Nous montons lentement les degrés de l'autel et nous nous agenouillons devant le Christ que nous présente le Pontife... Tout mon cœur passe dans ce baiser : c'était comme le pacte extérieur de ce que j'avais fait le matin. « Mon « Dieu, je suis à Vous dans la Croix, pour au- « jourd'hui, pour longtemps, pour toujours ! « Mais vous aussi, vous êtes à moi... » Ce fut là toute ma prière. »

Oui, elle était à Dieu dans la Croix, elle était dès ce jour un agneau sur la croix. Notre-Seigneur ne cessait de travailler son âme par l'épreuve, afin de la faire croître en pureté et en beauté. Cependant, par un de ces mystères que connaissent seuls ceux qui ont traversé les mêmes voies, elle avait pu écrire en toute sincérité à ses parents :

« La joie que j'éprouve à la pensée de ma vêture surpasse de beaucoup la certitude que j'ai de renouveler dans tous les cœurs les déchirements de la séparation. Oh ! oui, réjouissez vous avec moi et que cette cérémonie soit regardée comme une vraie fête de famille. »

Ce qui ne l'empêchait pas d'écrire dans ses notes, au lendemain de la cérémonie : « Oh ! que la date de la prise d'habit sera bien pour moi l'anniversaire d'un jour de martyre ! »

Ce jour-là encore, comme à son premier vœu de virginité, Jésus lui avait donc apporté pour présent une joie amère.

Pendant des semaines et des mois, il se plut à la laisser sous le pressoir.

4 *août* 1889. — « Après une phase de souffrance inexprimable dans le cœur, l'âme, l'esprit, dans toutes mes facultés, augmentée de pensées

obscures et décourageantes, telles que la crainte de ne pas être en état de grâce, de n'avoir que de l'aversion pour Notre-Seigneur, etc., pendant laquelle je me suis sentie comme réduite au néant, je viens d'avoir une semaine qui m'a paru comme une oasis dans le désert.

« Avec le même profond sentiment de ma misère, de mon incapacité absolue, j'ai compris la vérité de cette parole : « Je puis tout en Celui qui me fortifie. » J'étais si étonnée, si émerveillée de ce retour soudain de la grâce et de me sentir si près de Notre-Seigneur, moi qui, hier encore, me croyais dans sa disgrâce, que je ne pouvais m'empêcher de lui dire : « Comment, Seigneur Jésus, vous êtes donc là ? Oh ! que je suis heureuse de vous revoir enfin ! ! ! Mais, Seigneur, est-ce bien vous ? d'où venez-vous et où étiez-vous donc depuis si longtemps ? » Et je croyais l'entendre me dire comme à sainte Catherine de Sienne : « Oui, c'est moi, j'ai toujours « été là, au fond de ton cœur. »

« Et je continuais à le bénir et à m'entretenir affectueusement avec Lui, lui demandant une seule chose : qu'il me donne le courage et la force de souffrir avec joie dès qu'il lui plairait de me remettre à l'épreuve ; m'offrant à Lui pour endurer de nouveau toutes les peines intérieures

sans autre limite que le péché ou plutôt l'indéli-
catesse de conscience. Je redis sans me lasser
cette parole de l'*Imitation :* « Seigneur, c'est une
chose admirable que je sois si tôt relevée et que
vous m'embrassiez avec tant de tendresse, moi
qui, de mon propre poids, suis toujours entraî-
née vers la terre ! »

La première année conventuelle (1888-1889) de
Sœur Yvonne, devenue Sœur Agnès de la Croix,
touchait à sa fin. Une lettre, écrite à l'occasion de la fête de sa mère, va nous montrer
l'amour pratique de la novice pour les saintes
règles :

« Mon titre d'aînée m'a toujours condamnée à
attendre mon tour dans le défilé solennel du
15 août... Aujourd'hui je suis bien heureuse de
pouvoir, sans troubler l'ordre de la fête, arriver
la première au rendez-vous ; et personne, j'en
suis sûre, ne m'en voudra de faire comme ces
enfants terribles si pressés de dire : Bonne fête,
que le mot leur échappe avant l'heure.

« Si je suis trop pressée, je ne fais en cela que
suivre mon cœur qui me porte à les devancer
tous. J'ai d'autant plus besoin de vous témoigner
mon affection que j'ai conscience de vous avoir
fait de la peine lors de votre dernière visite à

Sainte-Marie (¹). Vous le savez, ma petite maman, la réflexion que je vous ai faite au sujet de mes parloirs était bien loin d'être un reproche : en fait de discrétion et de délicatesse, je n'ai eu qu'à vous admirer ; mais j'ai voulu vous initier à l'article de nos saintes règles qui fixe à *tous les mois* la visite des parents. Tant que j'ai été postulante, il n'y avait pas de limite. Depuis ma prise d'habit (à part le Carême que vous avez si bien respecté), le bon Dieu a permis que je vous voie souvent : les circonstances l'indiquaient et notre bonne Mère Supérieure, si large pour ce qui est légitime, a été la première à m'envoyer à vous, lors même que vous ne me demandiez pas. J'en ai remercié le bon Dieu et pour vous et pour moi. Mais j'éprouvais le besoin, avant votre départ, de vous faire au moins connaître notre règle des parloirs, afin que vous vous prépariez, pendant l'éloignement forcé de l'été, à vous y soumettre l'hiver prochain.

« Si votre cœur en souffre, ma chère maman, croyez que le mien a de la peine à vous imposer ce sacrifice... mais ne souffririez-vous pas davantage si, après avoir tant fait que de me sépa-

(1) Maison du noviciat.

rer de vous, vous me voyiez peu soucieuse d'observer ma règle ? Bien sûr, vous ne supposez même pas que j'y puisse manquer ; je compte donc sur vous et sur mon cher papa pour m'en faciliter l'accomplissement. » . . . . . .

. . . .

Le mois d'août ramène la retraite annuelle. Sœur Agnès de la Croix place cette retraite très spécialement sous la protection de Marie, et, au soir du premier jour, elle écrit : « Je ne quitte pas la présence de la Sainte Vierge, je la tiens par la main, comme une petite enfant qui s'attache à sa mère, de peur de s'égarer toute seule. »

La Sainte Vierge, on ne s'en étonnera pas, la conduisit aux profondeurs de l'humilité.

« Mon Dieu, vous voulez que je meure, que j'anéantisse le *moi*. Déjà l'idole est descendue de son piédestal et renversée la face contre terre. Cela ne suffit pas, il faut la briser, la réduire en poudre. Seigneur, je le veux et, avec vous, je le peux !

« Tant que je ne travaillerai pas sérieusement à devenir humble, simple, cachée en Dieu, je ne ferai rien qui vaille. Il faut donc concentrer toutes mes forces là-dessus. Et après tout, cela ne devrait pas être si difficile. N'ai-je pas tout ce qu'il faut pour m'humilier ? si je ne deviens pas humble, c'est que je serai une sotte !

« Pour en venir au pratique, voici ma résolution principale : exiger de moi des actes plus positifs d'humilité et de simplicité ; j'y regarde à deux fois, je suis comme un cheval ombrageux qui, avant de s'élancer, examine de tous les côtés s'il n'y aurait pas quelque risque ; on le guérit avec des œillères. Mon Dieu, mettez-moi l'œillère de la simplicité, faites que je ne puisse plus regarder que Vous.

« Quand j'hésiterai, j'entendrai Notre-Seigneur me dire : « Mon enfant, m'aimes-tu ? » Et mon acte devra lui répondre : « Seigneur, vous voyez bien que je vous aime ! »

« Je veux me servir de tout pour m'humilier, depuis les grâces de Notre-Seigneur jusqu'à mes défauts ; ne pas me décourager des répugnances et des défaillances. On ne meurt pas sans souffrir, et c'est la mort que j'entreprends. »

Le Révérend Père Audibert, Supérieur général des Pères du Saint-Sacrement, avait donné les exercices de cette retraite et fait converger toutes ses instructions vers l'amour effectif de la divine Eucharistie. Les notes de Sœur Agnès de la Croix sont naturellement imprégnées de sa

doctrine. Elle en tire des conclusions pour elle-
même.

« Il y a à renouveler mon attitude extérieure
et intérieure vis-à-vis du Très Saint Sacrement.
Ranimer ma foi, mon amour, ne pas oublier que
je dois tout à l'Eucharistie, que Notre-Seigneur
m'a fait passer toutes ses grâces par la petite
Hostie de ma première communion, que je dois
être plus que personne passionnée de l'Eucharistie !

« L'adoration ne doit pas être pour moi un
exercice de piété ordinaire : c'est une des fins
de ma vocation. Le prie-Dieu est un poste
d'honneur, poste royal, poste angélique. Il faut
donc revêtir la tenue convenable : respect, humilité, adoration de tous les sens. Mon seul maintien doit être une prédication sur la présence
réelle.

« Pour l'âme, commencer par bien m'imprégner
du sentiment de cette divine présence. Réciter
lentement les prières de règle en me pénétrant
de leur esprit, qui est celui des quatre fins du
sacrifice.

« Le temps qui restera, causer avec Notre-
Seigneur de ce qui l'intéresse : sa Mère, l'Eglise,
les âmes... ne pas parler de moi, ce n'est pas le
moment. Notre-Seigneur y veillera bien. »

Dans le cours du mois de novembre, le Révérend Père Nisser fit une apparition à Orléans, et sœur Agnès de la Croix eut la consolation de s'entretenir avec lui :

« Je lui ai dit en quelques mots l'état de mon âme. Me saisissant tout de suite, il m'a assuré de la part de Notre-Seigneur qu'il n'y avait rien d'inquiétant : « Pas de point d'interrogation sur votre amour pour Notre-Seigneur. Allez tout droit vers votre bon Sauveur qui vous aime, n'en doutez pas. Oh ! si Notre-Seigneur aime sa petite Sœur Agnès ? il l'aime beaucoup ! Ma petite fille, ouvrez votre cœur, faites-y une ouverture bien large pour que Notre-Seigneur puisse y planter une grande croix, car c'est ce qu'Il vous réserve. . . . .

« Il faut aller à la Croix comme une Agnès. Je sais bien que vous n'êtes pas encore une Agnès... vous n'êtes que la pauvre petite enfant du bon Dieu, bien petite, bien misérable, qu'il a daigné regarder dans son infinie miséricorde ; sans cela, je ne sais vraiment ce que vous seriez ! mais laissez-vous prendre par Lui, livrez-vous à son amour ! allons, pas de crainte, tout est bien! »

Au sortir de cet entretien, le Révérend Père disait à Sœur Joseph-Emmanuel (dans l'appréhension peut-être de quelque faiblesse instinctive de sa tendresse pour Sœur Agnès de la Croix) : « Surtout, n'amoindrissez pas cette grâce, car elle abonde ! »

Avec la grâce, les sentiments les plus délicats et les plus élevés y abondaient aussi. On en jugera par cette lettre du 1ᵉʳ janvier 1890 :

« Je ne suis pas étonnée, ma chère Thérèse, que tu te trouves si bien à la Matholière. Sais-tu que le bon Dieu vous gâte d'une façon peu ordinaire ? quel intérieur, quelle union, quelle paix, quel bonheur vrai que celui dont vous jouissez là-bas ! Je ne vois pas de marques plus évidentes de la réalité de l'appel de Dieu que cette force inexplicable qui m'a arrachée à la jouissance de ce qu'il y a de plus pur et de plus parfait ici-bas, que ce besoin de briser des liens si doux et si saints ! Il n'y a que l'amour de Dieu qui puisse primer des affections comme les nôtres. Il n'y a que la soif d'aller à Lui qui ait pu me faire souffrir ce que j'ai souffert au milieu de tant de bonheur. Si j'avais été faite pour le monde, j'aurais eu cent fois de quoi y jouir et m'y sanctifier ! Oh ! que je remercie le bon Dieu de m'avoir fait naître dans une telle famille, de me donner par là même l'occasion de lui offrir un sacrifice si saint et si pur ! Je suis heureuse que vous restiez dans

votre cénacle le plus longtemps possible. J'aime
à vous sentir là-bas, dans le calme, dans la paix.
Tu dis que l'avantage seul de te rapprocher de
moi te fait désirer le retour. Non, ma petite
Thérèse : ne faut-il pas que nous apprenions à
nous aimer sans nous voir, à nous passer des
témoignages sensibles de l'affection ? Quand on
s'aime de cette manière toute spirituelle et imma-
térielle, on se trouve toujours partout et la
séparation n'est pas une distance. C'est entendu, nous nous aimerons comme s'aiment
les anges dans le ciel, par la communion de
pensées, de désirs, de prières, de tendance vers
Dieu. »

Un autre jour : « Que nous sommes heureuses d'avoir été placées dans un tel milieu !
Jouissez en bien, toi et les autres, mais surtout
profitez-en et remerciez le bon Dieu sans vous
lasser. Quand je me reporte en arrière à ces
années qui s'éloignent si vite et que j'ai passées
au milieu de vous dans le bonheur le plus complet, dans l'affection la plus tendre, je suis confondue de reconnaissance, mais aussi de regret
de n'avoir pas assez fait pour le bonheur
commun, d'avoir apporté une si mince part de
dévouement et de témoignages d'affection. Pour
vous, vous n'aurez jamais ce reproche à vous

faire..... Si vous pouvez vous donner avec sura-
bondance à ces chers et bien-aimés parents,
faites-le, vous n'avez pas de devoir plus doux
et plus sacré après ce que vous devez au bon
Dieu. »

En cette année 1890, Sœur Agnès de la Croix
devait être appelée à l'émission des premiers
vœux. Elle qui « n'entreprenait rien d'un peu
important sans trembler » envisagea nécessairement avec un saint effroi l'approche du jour où
elle s'engagerait par serment à pratiquer la pauvreté, la chasteté et l'obéissance religieuses.
Pendant les mois qui précédèrent sa profession,
son âme fut en proie à de cruelles angoisses :
« Mon Dieu, s'écriait elle, je vous en supplie, par
tout le sang que j'ai coûté à votre divin Fils, ne
me laissez pas prononcer mes vœux si vous pré-
voyez que je doive être, non pas infidèle, mais
indélicate et tiède ! »
Malgré ces souffrances, admirablement docile
à la direction qui lui était donnée, elle gardait
au dehors tant de sérénité, d'égalité de caractère
et même une si douce joyeuseté que sa seule
vue était reposante. Son recueillement si suave,
son exacte observance des usages religieux et
des recommandations des supérieures, son em-

pressement à rendre les plus humbles services, ses attentions pour les nouvelles venues et pour celles de ses sœurs qu'elle sentait dans la peine, la rendaient le modèle de toutes : « Jamais on n'arrivera à l'égaler, disaient les autres novices, elle est désespérante ! »

Le 15 septembre 1890, Sœur Agnès de la Croix prononça ses engagements sacrés, annuels d'après les constitutions de l'Institut, mais déjà perpétuels et irrévocables dans son cœur. Ses notes prouvent que, ce jour-là, Notre-Seigneur parut lui dire pour un moment : « L'hiver est passé... » et la dédommager de la longue nuit où il s'était laissé chercher et appeler comme en vain par sa petite fiancée.

Dès la veille, elle écrit : « Je suis écrasée... je ne sais que redire avec stupéfaction : Mon Jésus, vous à moi ! moi à vous ! Moi votre épouse demain ? Mais ce n'est pas possible... je rêve ?... Mais si ! demain je serai toute à Dieu, Dieu sera tout à moi, par contrat ! Mon Dieu, il faudrait avoir une intelligence infinie pour concevoir une pareille merveille... il faudrait surtout un cœur de flamme pour y répondre avec quelque proportion ! Mon Dieu, ouvrez-moi du côté du ciel et cachez-moi toutes les choses de la terre, pour que je ne puisse plus voir que vous, mon bien, mon partage, mon trésor, mon Jésus, mon Epoux !

« Ma bonne Mère, prêtez-moi votre cœur ! Et vous, mon bon ange, enveloppez-moi bien de vos ailes afin que rien d'extérieur ne pénètre dans mon sanctuaire, afin que rien ne trouble la rencontre de mon âme avec son Jésus bien-aimé. »

Jour de ma profession. — « Le voilà, le plus beau jour de ma vie, le *pourquoi* de mon existence : je suis à Dieu ! Je suis profondément heureuse, plus heureuse que le jour de ma première communion ; bonheur moins doux peut-être, car, dans ce beau jour, je n'avais pas encore abusé des grâces de mon Jésus... mais bonheur plus fort, et qui n'a plus de désir, si ce n'est de voir au ciel Celui que je possède sans le voir ! Ce bonheur n'est pas la jouissance, ou plutôt je ne sais trop distinguer si je jouis ou si je souffre, car je ne peux plus jouir sans souffrir et je ne peux plus souffrir sans jouir. »

. . . .

16 *septembre.* — « La journée d'hier s'est écoulée vite, comme tous les grands jours... Elle s'est prolongée par la nuit d'adoration que j'ai commencée aux pieds du Saint-Sacrement, mais que

l’obéissance m’a fait achever dans mon lit. Qu’importe ! Mon cœur restait aux pieds de l’hostie et l’hostie restait dans mon cœur.

... Je me sentais prier et adorer tout en sommeillant.

... Maintenant tout commence, il me semble que je viens d’être baptisée ! Je suis à Dieu, je suis Gardienne-Adoratrice de l’Eucharistie ! Seigneur, gardez bien votre gardienne ! »

La semaine suivante, la jeune professe écrit à sa sœur : « Voilà déjà huit jours de passés... et, quand je regarde en arrière, il me semble que j’ai rêvé. Moi religieuse, c’est-à-dire consacrée, livrée à Dieu par contrat ! Être l’épouse de Jésus-Christ... quelle alliance, et c’est une réalité ! Aussi, tu ne t’imagines pas avec quel amour et quel respect on baise, matin et soir, ce cher voile noir si glorieux à porter, en disant : « Je suis morte et ma vie est cachée en Dieu avec Jésus-Christ, mon Sauveur et mon Epoux ! »

Jésus-Christ, en demandant et recevant son cœur, n’y détruisait pas les légitimes affections de la famille. Comme elle-même le dit quelque part, il les fortifiait au contraire en les sanctifiant. Loin d’abdiquer son rôle de fille aînée, elle savait à l'occasion montrer qu'elle s'en souvenait. Septembre devant amener en 1890 le vingt-cinquième anniversaire du mariage de ses parents, Sœur Agnès de la Croix, longtemps à l'avance, prenait soin de mander à l'une de ses sœurs : « Je ne sais si vous avez prévu le grand anniversaire qui se prépare pour papa et maman. Que pourra-t-on bien faire pour célébrer ces noces d'argent ? Il n'est pas trop tôt d'y penser. »

La fête en question toucha de très près la cérémonie des premiers vœux : « Je ne viens pas vous dire, écrivit à ses parents Sœur Agnès de la Croix, que je suis présente de cœur à ce rendez-vous de famille si joyeux et si complet... vous n'en doutez pas. . . . .

. . . .

« Je sais qu'autour de vous on vous félicitera assez de vos joies et de votre bonheur : moi, je vous félicite surtout de vos sacrifices, de ce que vous avez souffert et des grands exemples que vous nous avez donnés aux jours d'épreuve qui, certes, n'ont pas manqué... Tous les livres et toutes les instructions ne vaudront jamais les grandes leçons que nous avons reçues de vous en tant de douloureuses circonstances. Je voudrais n'avoir été pour rien dans cette part de

votre vie... je voudrais pouvoir effacer aujour-
d'hui toutes les peines que je vous ai faites, par
ma faute ou sans le savoir. Du moins, j'espère
ne plus vous en causer jamais et ne plus faire à
l'avenir que votre consolation et votre joie.

« Je ne parle pas ici du dernier sacrifice que
je vous ai imposé... oh ! non, celui-là, je ne m'en
excuse pas. La divine alliance que je viens de
contracter n'est-elle pas le plus beau présent que
je puisse vous offrir ?...

« Et puis, à titre d'absente, je veux me faire
l'interprète des absents. Ces chers petits frères
tant désirés et tant pleurés (¹), il me semble les
voir aujourd'hui s'associer à notre reconnaissance
et à notre joie. De là-haut, ils vous disent merci
de leur avoir procuré le ciel. Ce sont les anges
de la famille et sans doute nous devons beaucoup
à leur affectueuse protection. »

On l'a déjà constaté, cette profonde tendresse
pour les siens n'allait pas chez Sœur Agnès de
la Croix jusqu'à la faire transiger avec le devoir.
En voici une nouvelle preuve : peu après la lettre
précédente, sa mère en recevait une autre :

« C'est bien le moins qu'à la veille de l'Avent,

____

(¹) M. et Mᵐᵉ du Roscöat avaient eu la douleur de perdre
successivement quatre fils.

je vienne vous embrasser d'un bon baiser qui
dure jusqu'à Noël . . . .

. . . .

« Mon cher papa vous a-t-il confessé ce qu'il
m'avait fait dimanche ? Venir me voir au bout de
huit jours, et à cette heure-là !... J'ai cru d'abord
qu'il y avait quelque chose de grave... et pas du
tout. Il venait tout simplement me procurer le
doux plaisir de l'embrasser. Il avait tant écono-
misé son temps pour le faire que je n'ai pu lui
refuser quelques minutes, mais dites-lui bien
qu'il ne faut plus recommencer. Malgré tout le
plaisir que j'ai à vous voir, vous savez bien que
la règle est là... le sacrifice est autant pour moi
que pour vous. Mais soyez sûrs que nous nous
verrons avec d'autant plus de joie et de profit que
nous resterons dans les limites fixées par Dieu.

« Je donnerai à papa un petit horaire pratique,
qui lui épargnera toute démarche inutile et toute
perte de temps.

« Voilà mon petit sermon de l'Avent... il ne
s'adresse pas à vous, ma petite maman, qui le
pratiquez déjà en tous points ; mais il est venu
au bout de ma plume et vous m'en donnerez
l'absolution : on est si heureux de pouvoir parler
librement à ses parents sur de telles choses et
de sentir que l'on sera compris ! Aussi j'y vais en

toute confiance… je sais que vous appréciez à sa
juste valeur la consécration que j'ai faite et que
vous acceptez sans jalousie les droits de Dieu
sur moi, les seuls d'ailleurs qui puissent primer
les vôtres.

« Allons, ma chère maman, puisque je suis en
train de vous ouvrir mon cœur, il faut au moins
que vous y lisiez toute la tendresse de votre
grande fille. Je ne saurais trop vous en renouveler les témoignages et l'assurance, bien que vous
n'en ayez pas besoin. »

Pourrait-on concevoir un mélange plus harmo-
nieux de délicatesse et de fermeté ?

CHAPITRE VI

Entrée par l'émission des premiers vœux dans ces années de seconde probation où se développent par l'exercice les aptitudes de la novice professe pour les œuvres de zèle, Sœur Agnès de la Croix vit son temps consacré par l'obéissance à des occupations diverses près des enfants du pensionnat de la Maison-Mère, et fut chargée, entre autres choses, du « bataillon sacré » des premières communiantes. On devine sans peine de quelle manière elle s'acquitta d'une mission qui répondait si particulièrement aux attraits de son cœur.

Un peu plus tard, on lui confia la direction des Enfants de Marie. A cette occasion, elle écrivait à notre Révérende Mère : « Je sens tellement devant le bon Dieu l'importance de cette œuvre autant pour le bien des congréganistes que pour celui du pensionnat, que je serais très effrayée et très embarrassée de ma tâche, si je ne la recevais de vous, ma Mère, c'est-à-dire de Dieu.

« Envisagée de cette façon, elle ne me fait pas peur du tout, car je sais que Notre-Seigneur ne s'arrête pas à l'instrument... il me l'a déjà trop montré pour que je n'aie pas confiance en Lui !

« Ces pensées bien établies dans mon âme, je n'ai plus qu'un désir, c'est de me mettre à l'œuvre, de me dévouer tout entière à ce que l'obéissance me confie et d'entrer avec ardeur au service de la Sainte Vierge, ce qui, pour une enfant de Marie, est plein de consolation. »

En même temps, nous lisons dans son journal : « Je viens, ô Marie, comme un instrument parfaitement incapable, mais entièrement livré à votre main. Faites votre œuvre, ma bonne Mère, et que je ne sois comptée pour rien. »

En effet, elle se dévoua sans mesure. Dieu bénit ses efforts, il fit passer comme un second souffle créateur sur la tige placée à l'ombre de Marie, et on y sentit circuler une sève nouvelle. Lorsque, quatre ans après, la jeune directrice fut appelée à d'autres fonctions, notre Révérende Mère lui ayant fait expédier la circulaire périodiquement envoyée aux congréganistes, elle répondit : « J'ai été bien touchée, ma Mère, de cette attention si délicate ; je les ai tant à cœur, ces chères Enfants de Marie ! Elles ne se doutent pas du gros sacrifice que je fais en les quittant. Je me sentais pour elles quelque chose dans l'âme... Le bon Dieu, j'en suis convaincue, n'a pas besoin de moi, et je vais offrir tous mes sacrifices pour que leur bien se fasse par d'autres. »

En septembre 1892, on lui confia la préparation d'une jeune femme de vingt ans au grand acte de la première communion. Voici comment elle reçut ce mandat : « Quand Dieu veut opérer une œuvre extraordinaire de miséricorde et d'amour, tout instrument lui est bon, mais il choisit de préférence le plus faible et le plus incapable, afin qu'à Lui seul puissent être renvoyés la reconnaissance et l'honneur. Dieu soit loué ! »

En un mois, Sœur Agnès de la Croix dut enseigner à sa néophyte tous les principes essentiels de la doctrine catholique. Elle sut non seulement l'en instruire, mais les lui faire goûter, et nous nous rappelons surtout ce qu'elle nous disait de son émotion personnelle au moment d'aborder le dogme de l'Eucharistie : cette présence de Dieu sous l'apparence d'un peu de pain apparaissait à sa foi comme une merveille si étonnante pour la raison humaine ! Puis, elle qui, dans le ravissement de son amour, avait écrit : « C'est si

beau, si beau l'Eucharistie que je m'y perds ! »
elle se demandait comment parler dignement de
cet incomparable mystère.

Ce fut le 23 octobre, en la fête du Saint Ré-
dempteur, que la jeune Mme X*** eut le bonheur de
recevoir le pain des anges et d'être confirmée de
la main de Mgr Coullié, alors évêque d'Orléans.

« La veille au soir, raconte sa pieuse catéchiste,
la chère première communiante, en retraite depuis trois jours, a été conduite à la chapelle du
noviciat pour recevoir l'absolution. Là, une
douce surprise, avant-goût des joies du lendemain, était préparée pour elle et pour les siens.
On avait dit à sa belle-mère et à son mari de
venir au-devant d'elle. Le noviciat, de son côté,
avait été convié à se rendre à la tribune autour
de l'harmonium. Le Saint Sacrement était exposé.
Pendant qu'on se réunit, la chapelle s'illumine...
l'heureuse pénitente sort du confessionnal et, tandis qu'elle se prosterne tout en larmes, Mère
Supérieure en un clin d'œil substitue à son cha-
peau une jolie couronne blanche, et la conduit sur
un prie-Dieu d'honneur placé au bas du sanctuaire. Au même instant, les anges de la tribune
font descendre du ciel le beau cantique : « Mon
bien-aimé ne paraît pas encore ! » L'émotion

était générale ; mais Monsieur X*** surtout pleurait comme un enfant, en contemplant sa jeune
femme ainsi transformée.

« Après qu'on eut chanté plusieurs couplets,
Mère Supérieure alla prendre Madame X*** qui,
se retournant, se trouva en face de son mari et
de sa belle-mère. Dans l'élan de son bonheur,
elle les embrassa avec effusion : c'était charmant.
(Il faut dire que le mari, lui aussi, arrivait de se
confesser...) Et la belle-mère, instrument de tout
cela, était au comble de la joie.

« Dimanche enfin, à six heures et demie, nous
étions en devoir de parer notre première communiante ; sa blanche toilette était simple et fraîche
à ravir. A sept heures et demie, la messe se célèbre au chant de nos plus beaux cantiques;
Monseigneur parle avec tout son cœur et son
à-propos ordinaire. Le jeune ménage communie
côte à côte : c'était un beau spectacle. Après la
Messe eut lieu la confirmation. . . . .

. . . .

« Dans l'après-midi, à la suite des vêpres, la
jeune femme fit d'une voix vibrante sa profession
de foi, d'amour et de fidélité à « Jésus-Christ,
vrai Dieu et vrai homme, dont hier elle ignorait
le nom et qu'elle reconnaît aujourd'hui pour son
Seigneur et son Dieu ! » Avec quel accent péné-

tré elle s'écria : « Vous êtes le Christ, Fils du Dieu vivant ! » Il y avait dans la chapelle un saisissement général. Mais ce fut bien autre chose quand elle s'avança vers l'autel pour renouveler ses vœux du baptême : son mari, qui avait écouté ses paroles dans l'attitude du plus profond respect, se leva et vint poser la main sur le saint Evangile en même temps qu'elle... on eût dit deux enfants de la première communion... tout le monde fondait en larmes !

« Le soir, après un salut solennel, la première communiante, avec le même accent que pour les vœux, se consacra à Marie. Puis, le cœur de la jeune *mère* se révéla tout entier dans ces mots : « Je vous confie en particulier la chère petite fille qui, après Dieu, me doit la vie... protégez sa frêle existence... Veillez sur le trésor plus fragile encore de son innocence... Je vous la consacre en ce jour comme le plus tendre gage de ma gratitude, etc. »

« Maintenant, elle n'a plus qu'un désir : faire sa seconde communion avant de s'éloigner de nous, afin d'être forte contre les difficultés et peut-être les persécutions qui l'attendent. »

Les consolations qu'ainsi Sœur Agnès de la Croix rencontrait parfois du côté des âmes, objet de son dévouement, Notre-Seigneur les lui faisait acheter par des souffrances en quelque sorte ininterrompues. Au physique, elle était en proie à de violents maux de tête dont aucun remède ne pouvait triompher. Elle acceptait tout avec abandon, sans même souhaiter vraiment de guérir. Du reste, elle était consumée par la nostalgie du ciel. Ses notes et ses confidences intimes le prouvent en maints endroits. A propos d'une neuvaine commencée à son intention :

« Ma Sœur *** est feu et flamme pour la neuvaine que vous avez permise, ma Révérende Mère. La voilà qui commence à se mettre en campagne pour enrôler des suppliants... Je la laisse faire les préparatifs, car, je vous l'avoue, cela m'ennuie un peu de voir que tant de personnes vont être occupées de moi et faire des sacrifices à mon intention pendant huit jours... D'un autre côté, j'ai une confiance sans bornes que la Sainte Vierge peut tout m'obtenir, et je vais profiter de cette sommation générale pour lui demander des choses sérieuses : l'esprit religieux, l'humilité, la sainteté, le ciel, le bien des petites âmes que le bon Dieu me confie, etc. Si elle m'accorde tout cela, nous n'aurons pas perdu notre temps.

« Je désire bien aussi guérir, si c'est la volonté du bon Dieu, mais pour cela je n'insiste pas. Je comprends trop le prix de la souffrance et de l'impuissance, même pour l'apostolat. Et puis, je ne perds pas de vue l'acte qu'il m'a été permis de faire le 4 novembre 1885... Quand on s'est offert à Dieu pour souffrir, faut-il tant chercher le soulagement ? Il me semble, ma Mère, que la plus grande grâce que Notre-Seigneur m'ait jamais faite, est de m'avoir prise au mot, et que la plus grande grâce qu'il puisse m'accorder serait de me rendre digne de souffrir davantage.

« Cependant, si la Sainte Vierge veut me faire guérir, je m'abandonne. »

A sa tante. — « Vous me demandez le résultat de la neuvaine... Ce n'est pas une, mais deux et trois l'une sur l'autre que nos Sœurs ont obligé la Sainte Vierge à soutenir.

« L'heureuse conclusion de l'affaire que vous savez et qui nous intéresse tant, vous et moi, a été le plus éclatant résultat (car c'était une de mes intentions secrètes.) Si, avec moi, vous aviez vu comment la marche des choses a été subordonnée à la marche des neuvaines, vous ne pourriez vous empêcher de toucher du doigt l'action de la Sainte Vierge.

« Pour ma tête, voici ce qui s'est produit à chaque fois : un soulagement inusité pendant la neuvaine, et une recrudescence de douleurs vives et de fatigue le dernier jour. Je crois que le bon Dieu me veut comme cela. A quoi bon le tourmenter pour être autrement ?

« La grande grâce qu'il me fait à présent, c'est que, tout en sentant presque habituellement de violentes douleurs, cela ne me rend pas incapable de faire mon devoir et de le faire avec joie et même facilité.

« Oh ! que Notre-Seigneur mérite d'être aimé et qu'on est heureux quand on arrive à s'abandonner à lui par-dessus la tête !

« Je me dis quelquefois : Qu'est-ce donc qui pourrait me faire de la peine? rien au monde, puisque tout est permis par le bon Dieu... »

A la même. — « Merci de votre lettre du 21 janvier... Je médite souvent sur le petit agneau que vous me donnez comme patron... c'est une petite bête si docile qu'un agneau! On dit qu'il est toujours muet devant celui qui le tond... Moi, j'en connais un qui bêle quelquefois et qui tient encore à sa laine... priez pour ce petit insensé, qui veut cependant se livrer au bon Dieu.

. . . .

. . . .

« A Dieu, ma chère tante, je prie pour vous à ma façon en offrant quelques épines de ma couronne en union avec Notre-Seigneur, à vos intentions. L'été est la voie douloureuse, je commence déjà à le pressentir... Le plus pénible n'est pas de souffrir, mais d'être en dehors de la vie commune pour tant de choses... d'être incapable... d'être ménagée... de ne pouvoir prier, etc. Ne prenez pas cela pour une plainte, j'aime mon lot et j'offre tout pour la communauté. Je veux tout... j'accepte tout... je fais le sacrifice de tout ! ce n'est pas pour rire que nous disons cela chaque matin. »

Notre-Seigneur ne lui épargnait pas non plus les souffrances morales, ce dont personne ne se fût douté en voyant l'inaltérable sérénité de sa physionomie et son front radieux. Mais, avant de reproduire les notes de son journal où elle-même révèle quelque chose de ses désolations intérieures, ouvrons de nouveau sa correspondance ; son cœur y est à découvert et on ne peut s'empêcher d'admirer ce qu'il renferme de sagesse précoce, de force et de délicatesse, le tout imprégné du surnaturel le plus pur et le plus élevé.

C'est d'abord l'entrée prochaine de sa seconde

sœur au Noviciat de Saint-Aignan qui lui inspire
les pages suivantes :

« . . . . A ce qui pré-
cède, je voudrais joindre pour toi, mon Henriette, quelque chose qui fasse du bien à ton
cœur. Sais-tu que je commence à te désirer
ardemment, non pour la jouissance que j'aurais
à t'avoir, car il ne faut pas nous dissimuler que
notre affection naturelle ne sera jamais plus sacrifiée que lorsque nous nous appellerons surna-
turellement « ma sœur », mais parce que je sens
que ton heure est venue.

« . . . . Quand je songe au
passé, à mon enfance, à la tienne, et que je me
dis : « C'est nous deux que le bon Dieu a choisies, a mises à part pour faire de nous ses
épouses, les Gardiennes-Adoratrices de son
Eucharistie, je suis confondue ! Comment Notre-
Seigneur a-t-il pu s'arrêter à nous deux qui, en
somme, étions les moins bonnes ? Tu ne peux
pas te rappeler mes fredaines comme je me rappelle les tiennes... tu étais trop petite alors ;
mais de réputation, tu sais si j'ai été mauvaise
jusqu'à ma première communion, si j'avais des
défauts saillants, un caractère impérieux et entier !... si j'étais raisonneuse, taquine, et tout le
reste que le bon Dieu sait ! Entre nous deux, il

y avait Thérèse, si pieuse, si ardente, si humble…
et c'est nous qui avons été choisies ! Quel mystère ! Comment ce rapprochement ne nous fe-
rait-il pas mettre en commun notre confusion,
notre reconnaissance et aussi notre don absolu,
notre holocauste?

« Oui, la vie religieuse est un holocauste. Dès
qu'on s'y jette de tout son cœur, on ne tarde pas
à le sentir, il n'y a pas besoin de longues années
d'expérience… Je ne dis pas cela pour t'épouvanter, je suppose bien que tu ne t'en fais pas une
autre idée. Quand on se donne à Dieu, ce n'est
pas pour jouir, mais pour souffrir ; ce n'est pas,
selon le mot inoubliable du Père Pio (¹), pour
être une religieuse à l'eau de rose, mais pour
être, par la grâce de Dieu, une véritable épouse
de Jésus-Christ.

« . . . . . Je prie pour toi comme tu me
le demandes. Sois tranquille, Notre-Seigneur
t'aidera à couper les derniers fils qui te séparent
de Lui. Prie pour moi, toi aussi, afin que je ne te
donne pas trop mauvais exemple quand tu vien-
dras. Nous nous aimerons bien, n'est-ce pas, ma
petite sœur, mais à la façon des saints, sans
égard pour la nature, nous avertissant, nous en-

(¹) Religieux capucin qu'elle avait rencontré à Rome.

courageant, nous procurant mutuellement des occasions de sacrifices. Je te dirai qu'au commencement de mon noviciat, j'avais essayé de faire cela avec Sœur ***, mais elle était si humble qu'il n'y a pas eu moyen de continuer. C'était toujours elle qui se trouvait à mes pieds : j'y ai renoncé !... mais entre nous deux, ce sera plus simple : nous sommes sœurs. »

A la même. —⟶ « . . . . . . Plus j'y pense, plus il me semble que ton heure est venue. De quelque côté que j'envisage la situation, il me paraît avantageux, pour toi et pour les autres, que ton départ soit prochain.

(Suivent des motifs naturels d'un grand sens.)

. . . .

« Voilà pour le côté humain, n'en parlons plus ; mais, du côté surnaturel, laisse-moi te dire tout ce que je pense, comme je me le dirais à moi-même.

« Il y a des années que le bon Dieu t'appelle. Tu as dit oui avec bonheur. On a sanctionné ta résolution, papa et maman l'ont acceptée. Rien ne s'oppose à ce que tu suives ta vocation : je ne vois pas vraiment que tu puisses apporter un délai, si on ne te l'impose pas, sans manquer de générosité et de délicatesse envers Notre-Seigneur.

« Jusqu'ici, tu n'agissais pas de toi-même ; on t'avais dit d'attendre, tu obéissais. A présent, ta situation change. Tu as accordé ce que tu devais au respect, à la déférence, à l'amour filial ; cela ne peut pas toujours durer... A force de condescendance pour les hommes, il ne faut pas manquer d'égards pour Dieu.

« A ta place, coûte que coûte, je demanderais à partir le plus tôt possible et je ne m'arrêterais que devant un refus formel (qu'on ne te fera pas). Bien sûr, il y aura un déchirement, il y aura des larmes... on trouvera mille objections. Tant que ce ne seront que des objections de tendresse, je ne m'y arrêterais pas. Quand tu attendrais dix ans, il y en aurait toujours ! Il faut qu'il arrive un moment où nous marchions sur notre cœur, et, ce qui est plus dur, sur le cœur d'un père, d'une mère, d'une Thérèse... Pour la nature, c'est un acte de barbarie, mais il y a la grâce du moment : le tout est de le vouloir.

« Comme je te parle, mon Henriette ! j'ai peur de t'épouvanter. Mais non, je sais que tu ne me le reproches pas ; je sais qu'il est des heures où nous avons besoin d'une voix amie pour nous crier : Courage ! le sacrifice passe... le Ciel en est le prix ! . . . .

« Tu le conçois, je ne te parle qu'en amie,

non en directeur, et mes paroles n'ont d'autre autorité que celle de ma toute petite expérience : quand Dieu appelle, il faut tout quitter ! Par sa grâce, ma conscience n'a pas là-dessus de reproche à se faire. Mais si, par obéissance, je suis partie à vingt ans, mon cœur se reproche que je ne sois pas partie à seize !

« Tu mûriras ces pensées pendant ta retraite (¹) dans le Cœur de Notre-Seigneur, et tu en sortiras trempée comme un martyr, avec le courage de dire en arrivant : « J'ai fait de très sérieuses et dernières réflexions... le moment est venu de répondre à ma vocation. Je vous accorde encore un mois, et puis je dois partir, c'est la volonté de Dieu.

« Il y aura peut-être un moment d'explosion... on pleurera... on allèguera les vacances, la fête de maman... (quels détails, en comparaison des obstacles presque insurmontables qu'ont renversés les saints !) Avec la grâce de Dieu, tu te montreras tendre, tu ne cacheras pas tes larmes... mais tu seras ferme comme un roc, et tu ne chercheras d'autre réponse aux objections que la volonté de Dieu.

(¹) Retraite suivie au mois de juin par les anciennes élèves.

« Crois-moi, si tu fais cela, on ne te retiendra pas. Les adieux, pour être un peu brusqués, en seront moins pénibles. De part et d'autre, on souffrira moins que si tu traînes en longueurs !

. . . .

« Si le monde lisait ce que je t'écris, il dirait que je t'accapare. Quelle sottise !... tu sais bien que ce n'est pas le désir de t'avoir qui m'inspire ces lignes et que, si tu devais partir pour la Chine, je te tiendrais le même langage ! Relis l'*Egredere* du Père Lacordaire, cela sera moins suspect, et tu verras si le *duc in altum* n'en est pas la seule conclusion possible !

« A Dieu, pardonne-moi ma franchise, elle te dira que je t'aime en Dieu et pour Dieu. »

A la même. — 13 *novembre* 1893, huit jours avant le départ.

« En ce moment, mon Henriette, je vis plus en toi qu'en moi-même... je partage ton agonie et j'assiste en esprit aux derniers combats qui doivent se livrer dans ton cœur.

« Courage ! ne regarde pas en arrière : vois plutôt Notre-Seigneur qui te tend les bras et qui t'invite avec tendresse : « *Surge, amica mea... veni et noli tardare...* » Il ne te dit pas : *Jam hiems transiit*, car l'*hiems* commence pour toi avec la vie nouvelle . . . .

. . . . Je me réjouis quand je
songe que la petite Sainte Vierge ne se présen-
tera pas seule au Temple, et qu' « à sa suite, une
vierge sera amenée au Roi... »

« Pour ce qui est des préparatifs du départ,
vois ce qui te va le mieux, ou plutôt, car c'est là
l'essentiel, ce qui sera le moins dur à papa et à
maman et le plus simple pour l'exécution. Mais,
en étant pleine d'égards pour tous, n'oublie pas
qu'il arrive un moment où il ne faut pas se re-
procher d'aller de l'avant, de prendre l'initiative...
je veux parler des derniers détails : fixer l'heure,
donner l'ordre au cocher, lever le siège, etc... ;
n'attends pas que de pauvres parents fassent
cela ! Notre-Seigneur à Gethsémani n'a pas
attendu que ses apôtres le soutiennent dans sa
faiblesse : c'est lui-même qui a dit : « Levez-
vous, allons ! voici l'heure ! » Ainsi, c'est à nous
de prévoir, d'organiser, d'enfoncer le fer dans la
plaie... N'aie pas peur, Dieu est avec toi. Dans
huit jours, tout sera passé et tu chanteras dans
ta reconnaissance : « Mon âme est comme le
passereau échappé au filet du chasseur... Le filet
a été rompu et nous avons été délivrés. » Nous
disons cela chaque matin à l'office : tu verras
comme cette liturgie est belle ! . . . . . .

« Et puis, ne te crois pas obligée de cacher tes larmes au point qu'il n'en paraisse rien. Il n'est pas nécessaire qu'on te croie insensible... Quand tu pleurerais à la chapelle... ou même comme un bébé sur l'épaule de papa, de maman... dans les bras de Thérèse et de Cécile, ce ne serait qu'une marque de tendresse dont le bon Dieu ne serait pas offensé. A présent qu'il n'y a plus de dehors à sauver, laisse parler ton cœur au naturel...

« Je m'arrête en te chantant ce bon couplet qui t'aidera à déployer tes ailes :

> Allons, victime volontaire,
> Avec Jésus prends ton essor !
> Immole-toi sur le Calvaire,
> Le Calvaire est près du Thabor.

« A Dieu, Henriette. Prends ton essor ; nous te soutiendrons de notre mieux par nos prières et Notre-Seigneur te portera. »

Lettre de la même époque à son père et à sa mère. — « J'ai le cœur serré en pensant à vous, car le prochain départ d'Henriette renouvelle en moi tout ce que j'ai souffert en vous quittant. Je sens ce qui doit se passer dans vos cœurs pendant ces jours d'angoisse qui précèdent la séparation !

« Pour la nature, c'est épouvantable, et il faut que la vocation soit vraiment un appel de Dieu accompagné d'une force surhumaine, pour communiquer à de pauvres enfants, qui vous aiment comme nous vous aimons, le courage de s'arracher toutes vives à une tendresse comme la vôtre !

« Mais, pour la foi, que c'est donc beau et consolant ! on ne sent d'abord que l'épine... ensuite on cueillera les fleurs. J'espère que vous l'avez déjà éprouvé à mon endroit : mon affection est plus à vous, tout en étant sacrifiée, que si j'avais dû la donner et l'attacher à une nouvelle famille. . . . .

« Si cela peut commencer dès ici-bas votre consolation, laissez-moi vous dire encore une fois combien je vous remercie de m'avoir donnée au bon Dieu. Que mon bonheur vous soit le gage de celui d'Henriette ! Je vous assure que Notre-Seigneur ne nous a pas trompés quand il a promis à celui qui aura tout quitté le centuple dès ici-bas ! Il ne faut pas beaucoup de temps pour en faire l'expérience. J'espère que ce centuple sera partagé par tous ceux qui ont eu part au sacrifice. . . . . Que cette fête de la Présentation s'harmonise bien avec la circonstance ! Saint Joachim et sainte Anne, dont l'Église loue la généreuse démarche, n'ont pas dû la

faire sans larmes, c'est impossible ! On peut bien
pleurer en telle compagnie sans rien ôter à l'holocauste de son parfum...

« Nous disons tous les jours avec les petites
le *Stabat* à votre intention. »

D'autres circonstances ne laissent pas d'inspirer également son cœur. En réponse aux vœux
qu'elle a reçus de sa sœur pour le 21 janvier 1894,
elle dit :

« Tu me prends par mon faible, ma chère Thérèse, en me parlant de l'incomparable et ravissante sainte Agnès; aussi, je ne résiste pas au
désir de te remercier de tes bons souhaits : c'est
une petite satisfaction que j'ai demandée en son
honneur. Rassure-toi, le bon Dieu s'est chargé
de mettre à côté un sacrifice, en me privant d'assister à un délicieux panégyrique de ma chère
patronne, prononcé dimanche dans notre chapelle... Voilà les petites fleurs que Notre-Seigneur sait mettre sur notre chemin ! Tu connais
cela... Qu'on est heureux de pouvoir les cueillir
souvent et de les aimer !

« Tu me souhaites le don des miracles ?...
Primo, je ne le désire pas, et *secundo*, si je
l'avais (par la puissance de ta prière), le premier
miracle que je ferais serait de te le passer.

Tu convertirais tout ton monde... tu ferais de nous des saints et des saintes, et que tu travaillerais bien ! Plus on va, plus on voit qu'il n'y a pas autre chose à faire en ce monde que se sanctifier et que, pourvu qu'on y arrive, peu importent les moyens ! En réalité, c'est une chose bien simple que la sainteté. Si nous ne la comprenons pas, ce n'est pas qu'elle soit trop compliquée, mais plutôt que nous ne sommes pas assez simples. Il suffit de laisser faire le bon Dieu, de rester où il nous met, de prendre ce qu'il nous donne, de lui dire merci de tout.

« Ayons bon courage, ma petite sœur, et, quand nous sentons plus vivement le vide de toutes choses, l'isolement du cœur, le néant des créatures... lançons un bon cri du côté du ciel et faisons fi du reste. »

Pour la fête de sa mère, 15 août 1895. — « J'apprends qu'on a fait sans nous les premières vêpres de l'Assomption... Arriverai-je au moins pour le *Magnificat* ? Oui, et ce sera mon bouquet spirituel : *Magnificat*, ô mon Dieu, de nous avoir donné une si bonne et si chère maman ! *Magnificat* de tout le bien qu'elle nous a fait, des bons exemples... des bons principes qui ont développé en nous le germe sacré de la vo-

cation religieuse ! *Magnificat* pour nous, les privilégiées de la famille, qui devons tant de grâces
aux vertus de nos parents ! *Magnificat* pour les
autres qui ont encore tant à recevoir de vous !
Magnificat pour le passé... *Magnificat* pour l'avenir, afin que, remercié d'avance, ô mon Dieu,
vous nous laissiez le plus longtemps possible le
don que vous nous avez fait !

« Voilà, ma chère maman, quel sera pour moi
l'hymne du 15 août. Je suis bien sûre qu'il trouvera facilement écho dans le ciel, où quatre petits
anges pourraient ajouter : *Magnificat* de ce
qu'elle nous a ouvert la porte avec ses larmes, de
ce qu'elle nous a introduits dans la joie éternelle !

. . . .

« Maintenant, ma chère petite maman, cau-
sons un peu de la grande fête qui se prépare
(*sa profession perpétuelle et, pour sa sœur Henriette — devenue Sœur Marie de la Réparation —
l'émission des premiers vœux*). Avec vous qui
voyez les choses à la lumière de la foi, je n'ai
pas besoin de dissimuler ma joie : il y a des
mères qui ne la comprendraient pas... mais vous !
J'ose même aller plus loin et vous offrir, pour
cadeau de fête, deux filles épouses de Jésus-
Christ... Dans un mois, ma chère maman, vous
serez bien près d'avoir cette gloire ! »

Déjà nous l'avons insinué : à cette fête de la profession perpétuelle, Notre-Seigneur la préparait en la travaillant comme l'artiste travaille le marbre dont il veut faire une belle œuvre. Avec son intelligence de la perfection et de la sainteté, elle s'abandonnait à l'action divine et y correspondait de telle manière qu'un prêtre de grande expérience a dit d'elle : « Je n'ai jamais rencontré d'âme aussi livrée à la grâce. »

Selon sa méthode ordinaire, Dieu prend soin de l'anéantir à ses propres yeux, de retrancher en elle les moindres fibres de l'amour-propre et de la personnalité. Cependant, à certaines heures, il vient renouveler son courage : c'est un rayon soudain qui illumine son âme ou une force secrète qui s'en empare et qui lui fait dire : « Voici Dieu, allons, allons ! *excelsior* !... »

Les pages de son journal vont nous servir à éclairer cet aperçu général. Pour cela, remontons un peu en arrière, vers le milieu des années de seconde probation.

1ᵉʳ *octobre* 1892. — « Au physique, je souffre à n'y rien comprendre..... Au moral, c'est le sacrifice dans la paix et l'allégresse.

18 *novembre*. — « Pas de jouissance, mais

impression vigoureuse... besoin de chanter, de crier à toute la terre : Je suis à Dieu, à Lui seul, et je me moque du reste !... Il me semble avoir le monde sous mes pieds... Je sens que, si tout est vain en moi du côté de moi-même, tout est grand du côté de Dieu !...

«..... J'éprouve un attrait croissant pour la pureté absolue : pureté de vie, pureté d'intention, pureté d'amour..... le seul nom de vierge me fait ressentir un vrai tressaillement de joie..... »

10 novembre 1893. — « Claire vue sur ma misère : je vois qu'il y a en moi le germe de tous les vices et l'étoffe d'une réprouvée..... que, par moi-même, je ne suis que néant, vide, stupidité, nullité..... que je ne suis capable de rien de bon ni de saint, pas même d'un bon désir !

« Mais, à côté de cela, je reconnais humblement que Notre-Seigneur me garde, qu'il me porte dans ses bras et me préserve du péché.

« J'ai la conviction intime que Dieu me veut sainte. Cette pensée m'effraie et me réjouit. Je laisse à Dieu le soin de m'appliquer la rigueur des conséquences.

« Quand je songe en quels termes, avec quelle insistance, dans quelle étendue je me suis toujours offerte à Lui dans mes communions et

ailleurs depuis l'âge de treize ans..... rien ne
peut m'étonner, si ce n'est de ne pas souffrir davantage.

« Je comprends que ma lâcheté et mon indignité y mettent obstacle. Etre immolée pour
Dieu est une telle grâce que je ne saurais trop
faire pour la mériter. Je dis bien souvent au
bon Dieu : « Seigneur, augmentez ma sensibi-
lité, afin que je trouve plus d'occasions de souffrance ! » Mais je me reprends aussitôt et je dis :
« Augmentez plutôt mon amour, afin que je
souffre mieux et que je devienne plus digne de
souffrir ! »

Vendredi-Saint. — « Je reçois l'absolution à
trois heures... Mon âme, purifiée par les dernières
gouttes du sang de Jésus sur le Calvaire, reçoit
une lumière plus vive sur la nécessité de détruire le *moi.* Ce qui tient à l'extérieur est, je
crois, sacrifié ; mais la victime très vivante, c'est
moi. Donc : supprimer autant que possible les
je, me, moi, dans la conversation.

— Substituer aux préoccupations personnelles
le cri intime : Vous seul, Seigneur !

— Fuir comme la peste qu'on s'occupe de
moi, qu'on me mette tant soit peu en avant... à
moins que ce ne soit pour subir une confusion. »

19 *mai*. — « C'est affreux ! j'ai peur de me damner... je crois que je suis en train de perdre ma vocation. Je ne pourrai jamais persévérer, je ne me fais pas du tout l'effet d'une religieuse. Je voudrais être pure, transparente, ne regarder que le ciel, avoir des ailes enfin !... et je me sens alourdie par la nature. Je regarde mes sœurs : elles sont comme des colombes..... et moi, je me semble comme un vieux crapaud embourbé.... alors j'ai peur d'être sortie de ma voie..... Pourtant on me rassure, et on me répète : « Notre-« Seigneur vous enveloppe de ténèbres, mais « c'est bon signe, car Il se sert de ce qui n'est « pas pour faire quelque chose... il peut d'un « cadavre faire sortir la vie ! »

L'épreuve intérieure persiste ; les pensées troublantes, décourageantes assiègent de plus en plus son âme ; elle confie tout à ceux qui la dirigent et ensuite elle écrit :

« Mon Dieu, dans quel état je suis ! tout se débat en moi et ne veut pas se soumettre ! Et pourtant, c'est votre décision : il faut appeler illusion ce que je crois lumière... appeler noir ce qui me paraît blanc...

« Eh bien ! oui, mon Dieu, c'est fini. J'adore, je me tais, j'obéis ! Je ne sais rien, je ne vois rien,

je ne veux rien qu'obéir : « *In te, Domine, speravi :
non confundar !* »

3 *décembre* 1893. — « Depuis la grande retraite
de septembre, bien des impressions de grâce
ont passé sur mon âme : souffrances... joies intimes... sacrifices et bonheur... le tout dans une
grande paix que rien ne peut troubler.

« J'ai eu le cœur brisé, broyé, lorsqu'Henriette
a quitté la maison paternelle. Le sentiment de
toutes les affections sacrifiées s'est ravivé en
moi plus poignant que jamais. La grandeur du
sacrifice imposé, les larmes d'un père, d'une
mère, de sœurs et quelles sœurs ! m'ont paru
plus déchirantes une seconde fois que la première. Je crois même que la foi admirable et la
résignation muette de mes parents n'ont servi
qu'à m'attendrir encore. J'ai été faible... j'ai
trop pleuré... Mon Dieu, pardon ! gardez mon
cœur, tout, tout mon cœur.

« Pour l'âme, je suis en paix. Mes résolutions
sont en bon train, moyennant que je les soutienne par les pensées de la foi : Dieu seul...
mon âme... l'éternité... Quand je me trouve aux
prises avec un sacrifice, un ennui, une difficulté,
j'ai quelque chose dans l'âme qui me crie : Tout
passe ! en avant ! marche vers l'éternité ! Et je

mets le pied sur mes résistances, et je me sens moins loin du ciel. O mon Dieu, que souffrir est peu de chose ! »

Février 1894. — « Il y a eu pendant le mois de janvier beaucoup d'orages. Le diable s'est mis après moi pour m'inquiéter et m'épouvanter, pour me faire craindre de profaner mes communions et m'en éloigner... J'ai simplement été docile à tâtons. Je n'en ai pas manqué une seule : je me présentais comme un cadavre et je revenais avec la vie. »

Avril. — « Revenue à une extrême souffrance physique : douleurs si violentes que cela me fait peur... et je dis alors au bon Dieu dans mon épouvantement : Ou guérir ou mourir ! mais vite je me reprends : Non, mon Jésus, que votre volonté soit faite et non la mienne. J'adore, j'accepte, je m'abandonne de la tête aux pieds, je me livre, je m'anéantis et je vous aime ! oh ! oui, *fiat* et joyeusement *fiat* ! »

13 *avril.* — « Influence de grâce qui se fait sentir à mon âme, émerveillée de cette visite si tendre de Notre-Seigneur. »

2 *juillet.* — « Adieux de ma tante Joseph-Em-

manuel, partie pour La Rochelle. Seigneur, vous m'avez demandé mon hostie la plus pure : je vous l'offre avec allégresse, mais le cœur brisé de douleur. Prenez, prenez encore. Vous êtes mon Dieu et mon tout ! »

Août 1894. — « Anéantissement total du cœur, de l'âme et de l'esprit. — Impuissance complète de suivre même une pensée.

« Le silence, le vide, le rien, c'est tout mon *moi*. Je vis dans une adoration silencieuse de la volonté de Dieu, dans l'abandon entre ses mains, prête à vivre ou à mourir, à guérir ou à languir, à être employée ou à ne rien faire... et je me complais dans cet état de mort, où je me trouve en paix et en sécurité. Plus je souffre, plus mon cœur s'unit à Dieu par l'amour et la reconnaissance. Oh! oui, je sens que tout n'est rien, si ce n'est Dieu... la volonté de Dieu... le bon plaisir de Dieu !

« Je comprends que, pour être une sainte, il ne faut qu'une chose, une seule : s'abandonner... se livrer... se lancer à corps perdu dans les bras de Notre-Seigneur... se laisser faire, en un mot. »

Avril 1895. — « Incapacité absolue, nuit noire dans l'âme, tentations contre la foi, contre la

confiance ; ennui, dégoût, souffrance, frayeur, et
pas d'énergie pour combattre. Je me plonge
dans l'abandon. Il n'y a que la pensée de la mort
qui me console et m'encourage. Je me dis : Le
ciel, c'est peut-être ce soir ? peut-être demain ?
Et, quand ce serait dans quatre-vingt-dix ans,
tout passe si vite !... Courage, mon âme, l'éternité approche. Moyennant cela, je vis. »

Au cours de 1895, Dieu la soumet à un autre
genre de douleur :

« Joies et peines très senties. Mes joies : les
âmes... Mes peines : les âmes ! — Sorte de mé-
lancolie, de désenchantement à voir tout ce
qu'il y a de superficiel, d'idées étroites, de sentiments peu élevés dans certaines âmes ! »

Notre-Seigneur permet qu'elle se sente l'objet
de méfiances qui la blessent vivement. Elle, dont
les intentions sont si droites et si pures, dont le
zèle est si désintéressé... qui cherche si sincèrement Dieu, la gloire de Dieu dans l'oubli absolu
de soi... la voilà qui se sent soupçonnée de vouloir s'attirer l'affection et la confiance... ceci la
révolte.

« De là, dit-elle, des luttes violentes contre
mon indignation ; il s'élève dans mon cœur une
tempête de fierté... Ah ! si je m'écoutais !... Mais

la charité ?... Mais la douceur ?... Mais l'humilité ?... Mais la patience ?... Mais Jésus, mon modèle ?...

« Alors je prends mon cœur à deux mains et je le trempe par la communion dans le Cœur de mon Jésus. Il en sort calmé, dilaté, plein de compassion et de tendresse pour ceux qui me font souffrir. A la lumière de l'Eucharistie, je les regarde comme des bienfaiteurs et j'agis en sens inverse de mon inclination.

« O Jésus doux et humble de cœur, qu'il fait bon à votre école ! »

Près de sept années se sont écoulées depuis l'entrée de Sœur Agnès de la Croix au postulat. Le grand jour approche, celui qui doit consommer ici-bas son alliance avec Notre-Seigneur.

« Ma Révérende Mère, écrit-elle le 16 juillet 1895, je suis heureuse de placer sous la protection de Notre-Dame du Mont-Carmel la demande si sérieuse que je viens vous faire : il s'agit de ma profession... et, cette année, c'est pour toujours que je sollicite la faveur de prononcer mes vœux !

« Je remercie le bon Dieu de mon incapacité à faire de grandes réflexions, car, si je pouvais rentrer profondément en moi-même, je crois que je n'oserais pas avancer, tant je reconnais mon indignité.

« Je ne voudrais pas vous tromper, ma Mère, par de belles paroles ou par l'expression de bons sentiments qui ne prouvent rien. Je ne veux qu'être sincère et c'est à vous de juger.

« J'ai un ardent désir de faire mes vœux per-pétuels, mais j'ai conscience de n'être pas prête, de n'avoir encore rien fait (et moins que rien) de sérieux en fait de perfection religieuse. Je me sens devant le bon Dieu aussi petite, aussi faible, aussi imparfaite que la dernière des simples chrétiennes... aussi je ne considère pas la pro-fession que je demande comme le couronnement de mes années de vie religieuse, mais plutôt comme une fondation, comme la pose d'une première pierre, comme un baptême définitif sur le passé. J'ai comme faim de ce baptême et j'en attends je ne sais quelle grâce mystérieuse pour ce que le bon Dieu me réserve après. . . . . .

. . . . « En résumé, c'est le désir qui l'emporte, et je serais plus que déçue si les réflexions que je vous expose devenaient de vrais obstacles. J'aspire à ma profession comme on aspire au ciel, et je la désire tellement que je crois rêver en y pensant.

« Je compte sur cette nouvelle étape de con-

version pour me redonner de fond en comble à
Notre-Seigneur et pour commencer à vivre d'une
vraie vie religieuse, digne de toutes les grâces et
de toutes les lumières que j'y ai déjà reçues. »

A sa tante, sur le même sujet. — « Ah ! si je
pouvais vous envoyer la photographie de mon
âme... ce serait l'affaire d'un instant ! Je crois
bien que vous n'y verriez plus qu'une chose sur
toutes les faces : l'abandon. Je crois ressembler
à une pilule toute remplie de choses amères
pétries par le bon Dieu, et trempée dans l'abandon, dans la paix, dans la joie.

« La souffrance physique et morale est ma
seule préparation à la profession... Mais je ne me
tourmente pas : Notre-Seigneur sait bien que je
lui donne plein pouvoir sur mon corps et sur
mon âme. Aussi je me laisse faire, me conten-
tant de ramasser, du matin au soir et du soir au
matin, ce qu'Il met sous mes pas.

« Le *Fiat* est toujours mon thème favori.
Quand mes douleurs de tête et mon incapacité
naturelle ne me rendent pas trop impuissante,
c'est là-dessus que je module et que je fais d'in-
terminables variations... N'est-ce pas là la musique que vous m'avez apprise ?

« Je ne vous parle que douleur et souffrance,

comme si j'étais une martyre ! Ne le croyez pas, ma chère tante... réjouissons-nous plutôt ensemble de ce que l'Epoux s'annonce par ces présents, et aidez-moi, par vos prières, à mettre chaque jour un peu d'huile dans ma lampe, de peur qu'au dernier moment je ne sois obligée de vous en emprunter. »

Son cahier de notes intimes va nous dire maintenant ce que furent la préparation immédiate, le jour et l'action de grâces de sa profession perpétuelle.

Retraite, septembre 1895. — « J'entre en retraite souffrante, tentée, torturée, mais tout abandonnée. Mon Dieu, je vous amène la victime, faites-en ce que vous voudrez. La mort à moi-même, je ne vois plus que cela. »

3e *jour de la retraite*. — « Simple union à Jésus par un regard habituel d'amour... ne pas viser à autre chose, tout découlera de là. — Ne rien désirer... ne rien demander, même pour le spirituel : « Mon Dieu, oui..., oui, toujours oui, pourvu que je vous aime et que vous soyez content ! »

6e *jour*. — « Reçu l'absolution de toute ma

vie passée... grande paix ! *Misericordias Domini
in æternum cantabo !!...*

« J'ai fait une retraite de larmes, mais de confiance. Ma vie m'est apparue comme un tissu de
misères et de miséricordes, d'infidélités et de
grâces...

« J'ai tout pleuré, tout trempé dans le sang de
Notre-Seigneur... et maintenant, c'est fini avec
le passé. Je suis dans la parure de mes noces
éternelles. Mon Dieu, pour la garder intacte, je
prends la résolution de faire, à partir de ce jour,
chacune de mes confessions en préparation à la
mort. »

Lundi, 16 *septembre*. — « Tout est consommé !
Ma main qui écrit porte au doigt le gage de mon
éternelle union avec le Fils du Roi des cieux ! Je
suis l'Epouse de Jésus-Christ pour l'éternité ! je
porte le manteau des vierges qui suivront
l'Agneau dans le ciel partout où il ira... J'ai
signé de ma main le traité d'alliance qui m'unit
à Dieu pour toujours... O mon Dieu, que peut
dire, que peut penser une pauvre créature en présence d'une telle folie de votre part ? Elle ne
peut que s'extasier... s'émerveiller... s'anéantir... et se taire ! J'ai devant les yeux ce tableau :

Jésus-Christ...	Soeur Agnès de la Croix
Celui qui est...	Celle qui n'est pas...
L'Immense, l'Infini.	Le néant.
Tout.	Rien.
Il sait tout.	Je ne sais rien.
Il peut tout.	Je ne puis rien.
Il comprend tout.	Je ne comprends rien.
Il apporte tout.	Je n'apporte rien.

Et cependant :

Il m'a aimée.	Je l'ai aimé.
Il s'est livré à moi.	Je me suis livrée à Lui.
Il est mon Epoux.	Je suis son Epouse.
Il se doit à moi.	Je me dois à Lui.

Donc :

Tout ce qu'il est... tout ce qu'il a m'appartient... je deviens par Lui capable de tout, car je sais à qui je me confie !

« Je crois que, sous le drap mortuaire, j'ai fait de ma vie le sacrifice le plus étendu qui se puisse faire : « O mon Dieu, me voici anéantie jusqu'à terre. Je me livre à votre merci jusque dans la moelle des os, jusque dans les dernières fibres de mon cœur, jusqu'aux plus délicates parties de mon âme. Prenez-moi, ô mon Dieu, par la vie ou par la mort... pourvu que je vous appartienne radicalement. J'accepte de vivre, de mourir, de guérir, de souffrir, de languir, de travailler, de ne rien faire. Il n'y a qu'une chose que je n'accepte pas : c'est de vous offenser, c'est de reprendre ce que je vous ai consacré.

« O mon Dieu, si, en vivant plus longtemps je devais commettre une seule infidélité volontaire, de grâce, faites-moi plutôt mourir ! Si vous permettez que je sois en état de travailler un peu pour vous dans ma Congrégation, accordez-moi la grâce de rester toujours petite et d'être toujours laissée dans l'ombre !

« O mon Dieu, le ciel me tente bien, mais je ne vous demande rien... rien que l'abandon et la fidélité à la grâce . . . .

. . . .

« Je vous remercie, ô mon Dieu, de ce que vous ne m'avez pas donné part à ces consolations sensibles, à ces joies délicieuses que les âmes fidèles éprouvent quelquefois dans une telle circonstance... Je ne les attendais pas et je m'en sais bien indigne. Avec votre grâce, ô Jésus, ma foi me suffit pour vous reconnaître. Je crois, en dépit de mes impressions, que vous avez agréé mon sacrifice.

Résolution. — Pour le détail, rien de nouveau ; mais, comme souvenir de ma profession perpé-

tuelle, je me dirai chaque matin, dans l'oraison :
Mortui sumus... Aujourd'hui, je dois mourir
encore, je dois me laisser mourir à tout ce que
Dieu voudra. — Abnégation, abandon, humble
et joyeux *fiat...*

Demain, qui sait ? peut-être que ce sera le
Ciel !...

— Vivre dans ma petite barque avec Marie à
la proue et Jésus au gouvernail : et ce Jésus-là,
ce sont mes supérieurs, ma règle, la croix, l'humiliation... tout ce qui me parle au nom de
Notre-Seigneur. »

Suivent les noms de ses sœurs de profession
avec cette prière finale : « O mon Dieu, faites
que nous arrivions au complet en paradis ! »

Bientôt après elle écrit à sa mère : « ... Je
vous dois bien cette confidence, ma pauvre maman, à vous que j'ai tant fait souffrir autrefois
par respect pour le « secret du Roi ». Oui, le jour
de ma profession, sans être illuminé par des
faveurs extraordinaires auxquelles je ne pouvais
prétendre, a été vraiment pour moi un jour du
ciel. Je vous le dis pour que vous en jouissiez :
je suis heureuse d'un bonheur tout intime, d'une
joie calme, profonde, vigoureuse, indépendante

de tout événement extérieur. Le silence, la paix, la possession de Dieu ne m'ont guère quittée depuis le 16, et je suis encore sous la vive impression de ma consécration totale à Notre-Seigneur. . . . . Je sais que ces profondes impressions sont des grâces qui ne dureront pas toujours... mais j'espère qu'elles porteront leurs fruits, et qu'aux heures difficiles, le souvenir de ma profession sera comme une force toute-puissante pour me faire triompher de tout. »

A sa sœur Thérèse, le 17 octobre. — « Je suis encore dans le parfum de ma profession. Il faut que toi et les autres, vous ayez joliment prié pour moi pour que j'aie reçu une telle provision de paix et d'allégresse qui, au lieu de s'épuiser, augmente avec le travail ! Ah ! que Notre-Seigneur est bon ! qu'on est heureux d'être à Lui sans réserve ! on a l'air d'une victime qui s'offre en sacrifice, mais, en réalité, on n'est qu'un petit poisson qui se jette dans l'eau et qui trouve la vie où d'autres croient périr ! Je peux bien te dire cela sans crainte d'exciter ton envie, car toi aussi, tu es à Dieu aussi pleinement que le permet ta vocation. Pour mieux dire, ton mari et toi, vous êtes à Dieu d'un seul cœur et d'une seule âme, et plus vous serez à Lui, plus vous serez heureux.

« A Dieu, ma Thérèse ; mon petit griffonnage, si décousu qu'il soit, te dira que je t'aime d'un cœur tout agrandi par le Cœur de Jésus ! »

Notes intimes, 3 *novembre* 1895. — « Depuis ma profession, je ne me sens plus vivre ! J'ai éprouvé, à la suite de ce grand acte, comme les effets de l'Extrême-Onction : soulagement spirituel et corporel. J'ai vécu ces six semaines avec le ciel dans l'âme et tout le cœur en fête !

« Je me sens fière, libre, agrandie ! L'abandon, la paix, la joie et les cantiques jaillissent de mon âme pleine de son Jésus !

« Chose étrange, mes forces physiques ont subi la même transformation. On dirait qu'une nouvelle vie circule dans mes veines : je ne sens ni faiblesse, ni travail, ni fatigue... je ne me reconnais plus ! Ah ! mon Dieu, que vous êtes bon, que vous êtes bon à ceux qui vous aiment !...

« Mon crucifix me brûle la poitrine.... mon rosaire sonne pour moi une musique du ciel... mon alliance, je la baise avec un vrai orgueil ! Je n'ai voulu que Dieu seul : je l'ai cherché... je l'ai trouvé, et avec Lui, je surabonde de biens !

« Il me semble que devant Dieu je n'ai pas

encore manqué volontairement à mes résolutions
de retraite. J'ai fait mes confessions avec le
plus grand soin... La charité, l'humilité me
donnent beaucoup à combattre et à souffrir,
mais « quand Jésus est présent, rien ne paraît
difficile ! »

Décembre 1895. — « Depuis trois semaines,
je suis redevenue moi-même : mêmes douleurs
physiques, mêmes luttes pour la vertu. Merci,
mon Dieu, soyez béni de tout, ma vie serait
trop fade sans la croix. *Fiat* et grande joie !
allons, allons au ciel...

— Etre plus douce, d'une douceur humble,
suave, accommodante avec ***. La traiter avec la
délicatesse exquise que je voudrais employer si
j'avais affaire à Notre-Seigneur. M'ingénier chaque jour à lui faire quelque petit plaisir. O Jésus
suavité, ayez pitié de moi ! »

Mars. — « Après communications forcées au
dehors, dégoût des créatures, faim de silence et
de solitude ! je m'y replonge avec avidité... Dieu !
Dieu !... »

Vendredi-Saint. — Je souffre beaucoup de la
tête depuis trois semaines ; avec cela, peines

d'esprit et de cœur... Mon Dieu, mon Dieu, pourquoi m'avez-vous abandonnée? L'agonie près de Jésus, le couronnement d'épines avec Jésus, la mort comme Jésus et l'abandon total entre les mains de Dieu : voilà tout ce qu'embrasse mon *Fiat*! »

Mai 1896. — « O mon Jésus, qui avez dit à vos apôtres : « Tout ce que vous demanderez à « mon Père en mon nom, je le ferai... », exaucez mon plus ardent, mon unique désir. Si, en vivant seulement une seconde de plus, je devais vous offenser, même légèrement, si je devais laisser perdre vos dons ou s'attiédir en moi votre grâce, si je devais cesser de croître dans la pureté et dans l'amour, faites-moi la grâce de mourir à l'instant !

« Je vous le demande par Marie Immaculée, ma bonne Mère et la vôtre, que personne n'a jamais implorée en vain !... Oui, mon Dieu, j'ai soif du paradis... mais que votre volonté soit faite et non la mienne ! »

Nous ne terminerons pas ce chapitre sans mentionner qu'une des choses dont souffrait Sœur Agnès de la Croix, c'était de se voir soumise à des exemptions et à des ménagements

qui, sur plusieurs points, la mettaient en dehors
de la vie commune. L'obligation de céder aux
exigences de la fatigue et de la faiblesse la
faisait gémir : elle s'ingéniait à trouver les
moyens de se mortifier partout et toujours en
quelque sorte, pour suppléer aux pénitences que
lui interdisaient son état de santé et la sollicitude
de ses supérieures. Nous avons trouvé dans ses
papiers une série de petites pratiques auxquelles
elle s'était promis de s'assujettir.

PETITS RIENS

QUI NE PEUVENT ALLER CONTRE L'OBÉISSANCE NI ME FAIRE SORTIR DE LA VIE COMMUNE

A la chapelle

Tenue très religieuse, mais assez à l'aise pour
ne pas m'empêcher de prier. Rester à genoux
pendant presque toute mon adoration, à moins
d'une fatigue exceptionnelle.

Pour la messe et le salut, suivre ponctuelle-
ment les prescriptions de notre Mère. Ne jamais
appuyer mes coudes sur le bord des stalles
quand le Saint-Sacrement est exposé, ni pendant la messe entre l'élévation et la communion.

Pendant l'office, ne pas lever les yeux.

Au réfectoire

Quand je sens trop d'empressement à satisfaire mon appétit, m'arrêter une seconde, le temps d'un *Ave Maria*.

Ne rien demander, ne rien refuser, me laisser servir comme tout le monde, sans même y regarder.

Ne jamais ajouter d'assaisonnement à ce qui a été mis sur mon assiette.

M'arranger de manière à prendre pour moi de préférence les fonds de bouteilles, les morceaux de pain dont on a déjà prélevé une partie, et ramasser, sans qu'on s'en aperçoive, les miettes de mes voisines.

S'il arrive qu'on m'oublie, ne pas réclamer.

Si on me fait attendre, attendre en paix et en esprit de pauvreté.

Etre prompte, sans empressement, sans bruit, me tenant avec le plus de distinction possible, par esprit de foi.

CHAPITRE VII

COMINES.

OEUVRE INATTENDUE. — LA DIRECTRICE

A la fin de juillet 1896, Sœur Agnès de la Croix fut nommée directrice de la nouvelle fondation de Comines (Belgique). Dans cet humble poste, situé sur la limite de la frontière française, les Sœurs sont appelées à remplir l'office de « petites servantes des pauvres » à domicile.

Quelques jours auparavant, pressentant que peut-être on la destinait à prendre part à l'œuvre projetée, Sœur Agnès de la Croix avait écrit dans ses notes : « Par attrait, par tendance, je ne connais que la vie cachée dans les murs de mon couvent. Pour Jésus et pour les âmes, je me sens prête à toute autre chose... silence... abandon... Mes Supérieures savent bien que je suis à leur disposition, on fera de moi ce qu'on voudra. »

Le 30 juillet, elle ajoute : « Reçu mon obédience pour Comines !... Me voici, mon Dieu, pour faire votre volonté. »

Afin de la préparer à sa mission, notre Révérende Mère résolut de l'envoyer passer un mois dans la résidence de La Rochelle, où s'accomplit une œuvre semblable à celle qu'on devait établir en Belgique. Le jour même de son arrivée, elle rend compte de son voyage, puis :

«... Maintenant, ma Mère, il me reste à vous dire mieux que je n'ai su le faire hier, mon humble, respectueux et confiant *Fiat*. C'est à genoux que je l'écris, et Dieu, qui voit le fond de mon âme, sait quelle étendue j'entends lui donner. Pendant mon trajet de douze heures, j'ai eu le temps de méditer... Je n'ai pas eu besoin de chercher d'autre point d'oraison que celui que vous avez lu hier soir... Quelle coïncidence !

« Aujourd'hui, 30 juillet, jour de sainte Marthe, il me semblait entendre Notre-Seigneur me dire : « Cela t'apprendra, petite paresseuse, à rêver la vie contemplative ! Tu auras bien le temps de me contempler en paradis... En attendant, va-t'en, va-t'en travailler avec sainte Marthe et ne reviens pas seule au ciel. » Et moi, je lui réponds : « Seigneur, que votre volonté soit faite et non la mienne. J'irai les yeux fermés partout où il vous plaira. »

L'homme propose et Dieu dispose. Envoyée à

La Rochelle pour se former pratiquement à la direction de l'œuvre qui allait lui être confiée, Sœur Agnès de la Croix tomba malade peu de jours après son arrivée : « J'ai fait là un mois de retraite, disait-elle, et j'ai communié en viatique par l'intention », car le désir du ciel ne la quittait pas.

De retour à la Maison Mère le 5 septembre, elle y acheva sa convalescence et partit le 1ᵉʳ octobre pour l'obédience de Comines avec trois autres Sœurs ; notre Révérende Mère et la Mère Econome accompagnaient les quatre émigrantes. Elles furent accueillies sur le sol de la Belgique par une véritable ovation. En voici quelques mots extraits d'une lettre de Sœur Agnès de la Croix :

«... Un incident de voyage fit qu'au lieu d'être à Comines à 6 h. 50 du soir, nous n'y arrivâmes qu'à 9 heures et demie. A peine le train s'était-il arrêté, qu'un flot de peuple se précipite vers l'endroit de la sortie avec une joie difficile à dépeindre... Les dames de la ville, anxieuses depuis six heures, nous aident à descendre. En un clin d'œil, nous nous trouvons débarrassées de nos colis et portées comme par enchantement hors de la station. Là, il nous faut commencer une marche triomphale, au milieu d'une escorte

compacte qui s'agite et se presse autour de nous,
en nous souhaitant la bienvenue. Voilà les « ma
sœur !... Bonjour les ma chère sœur ! » dit-on de
toutes parts. Nous marchions sur une jonchée
de feuillage sans savoir ni où, ni comment. Par
trois fois nous dûmes nous arrêter sous des arcs
de triomphe illuminés en lanternes vénitiennes
et pavoisés d'inscriptions comme celles-ci :

*« La Belgique hospitalière accueille avec une
joyeuse allégresse les Sœurs Gardiennes-Adoratrices de l'Eucharistie !*

*Soyez les bienvenues parmi nous, Comines vous
accueille avec joie !*

« Des enfants vêtues de blanc nous présen-
tèrent six magnifiques bouquets. Une petite fille
nous lut une naïve et touchante adresse, à
laquelle répondit un enthousiaste murmure
d'approbation.

« Il y avait tant de monde que la présence
d'une sorte d'agent en grande tenue ne nous
parut pas surérogatoire : « Place ! Place ! criait-il
à tout instant ; laissez passer la Très Révérende
Mère... la Mère Econome et « les ma chère
sœur ! » Et il nous annonçait chaque députation
qui se présentait... »

Rien de plus encourageant qu'une telle réception, rien non plus qui répondît mieux à la bienveillance qu'avait mise Mgr Wafflaert, évêque de Bruges, à choisir Comines pour y fixer notre petite colonie, en nous accordant l'entrée de son diocèse.

Comme tout ce qui tend à produire le bien, l'œuvre rencontra des ronces et des épines. Mais les pauvres ne tardèrent pas à goûter si fort le dévouement de leurs « petites servantes » que, trois mois après, il fallut adjoindre une cinquième sœur aux premières.

Pendant que l'arbrisseau prenait racine et commençait même à donner des fruits, la jeune directrice soutenait au fond de son âme une lutte terrible, due au sentiment excessif de son inexpérience et à l'effroi que lui inspirait la supériorité, effroi tel que, dans ses notes, elle consignait comme une chose particulièrement pénible de s'être entendu appeler pour la première fois « sœur supérieure ». « J'ai besoin d'obéissance, disait-elle, je suis prête à faire les choses les plus répugnantes et les plus pénibles, mais pourvu qu'on me donne une supérieure. »

Notre Révérende Mère, persuadée au contraire qu'elle pouvait être entre les mains de Dieu un instrument très utile à l'œuvre naissante, s'efforçait de vaincre ses appréhensions, tantôt lui disant que « le petit agneau ne devait pas chercher lui-même son mode de crucifiement », tantôt profitant du succès inopiné de notre jeune Sœur auprès d'une âme, pour lui montrer le côté consolant de sa mission, tantôt enfin lui assurant pour l'encourager « que déjà elle faisait plus de bien que le démon ne voulait le lui laisser voir ».

En dépit de tout et malgré sa docilité habituelle, Sœur Agnès de la Croix ne pouvait triompher des oppositions intérieures qui l'empêchaient d'acquiescer du fond de l'âme à sa nouvelle obédience et de ne songer qu'à la bien remplir. Notre Révérende Mère prit alors le parti, pour déjouer les ruses du diable, de lui parler un langage tout à fait énergique :

« Voici, ma chère fille, ce que m'écrit le bon Père Mattioli (¹) : ..... Si la chère petite supérieure se tient toujours bien humble et s'oublie elle-même, n'a en vue que les intérêts de Jésus, tout lui deviendra facile dans la conduite de la communauté et des œuvres : c'est là le fondement des œuvres, et il n'y en a point d'autre..... »

« Lisez et méditez ces dernières lignes à votre

____

(¹) Religieux Barnabite, ami de la famille du Roscöat.

adresse, ma bien chère Enfant... elles vous diront assez et bien haut, et de la bouche même d'un saint religieux, plus expérimenté encore que votre vieille mère dans la science des choses de Dieu, que l'humilité vraie ne consiste pas à s'effrayer de ses impuissances personnelles et à se paralyser en gémissant sur ses propres incapacités, mais à s'abandonner au vouloir de Dieu manifesté par la sainte obéissance, et à croire d'une foi ferme qu'on peut tout dans une situation imprévue par nous, mais toute faite par Dieu... tout, même des miracles ! et, de fait, c'est un miracle qu'une faible petite créature, dépourvue de tout ce qu'il faudrait, humainement parlant, pour conduire une œuvre, la conduise cependant. Mais Dieu aime les instruments de ce genre ainsi inhabiles, afin de bien prouver qu'il fait tout, et nous, rien !... ainsi a-t-il toujours agi dans la conduite de la sainte Eglise depuis sa fondation... témoins les grossiers pêcheurs de la Galilée devenus les colonnes vivantes de l'Eglise... le persécuteur Saul devenu Paul, l'apôtre des nations !

« Je n'ignore pas, ma bien chère fille, votre inexpérience et vos lacunes, et, à cause de cela même, j'ai confiance que vous ferez ce qu'il faut, du moment où, mettant tout découragement de côté, vous ne vous livrerez pas à des raisonnements peu religieux, peu surnaturels et, de fait, dépourvus d'humilité. L'âme humble se dit à elle-même : « Dieu me demande telle chose... je suis incapable de la faire... si je m'écoutais, je tomberais dans la peine et presque dans le désespoir... Dieu m'en garde ! ce serait presque un blasphème, ce serait nier la puissance et la justice de mon bon Maître... il ne tente personne au delà de ses forces. Ce qu'il veut, il me donnera de le faire... Comment ? je l'ignore ! mais je sais qu'il me le donnera... Arrière donc mes tristesses, mes abattements, mes frayeurs pour l'avenir... marchons aujourd'hui le moins mal possible, et pour demain, Jésus, Marie,mon Ange gardien y pourvoiront !!... Mon Dieu, me voici, faites de moi ce que vous voudrez ! »

« Courage, chère Enfant... Quelle joie que Jésus veuille bien se servir de nous pour contribuer à sa gloire, au salut des âmes, à l'extension de notre petite communauté !... Ne disons jamais : « Je veux bien tel ou tel travail, tant répugnant que vous voudrez, mais je ne saurais accepter la situation qui m'est faite, car elle m'écrase, elle me surpasse ! » — Illusion que ce raisonnement ! Disons donc plutôt : « Ce que Dieu veut, ce que Dieu permet, arrange, et cela seul, voilà mon lot jusqu'à l'éternité !... J'aimerais mieux être la dernière, je ne sais être que cela, et voilà que Jésus me met première... Alors soyons première !... et du reste, je suis servie à souhait : suis-je assez simple pour ne pas savoir que les premiers dans la maison de Dieu sont et doivent être les serviteurs de tous ?... J'aimerais la vie régulière et tranquille, c'est mon attrait, ma vocation, il me semble ; et voici que Jésus me jette dans l'action et le mouvement... alors donc : vive l'action ! vive le mouvement !... Tout pour Dieu, rien pour moi !...

« Je vous bénis du fond de mon âme, ma bien chère fille ; soyez joyeuse et calme dans le Cœur de Jésus. Aimez ce bon Maître de plus en plus... pour aimer Jésus, il n'est pas nécessaire de sentir son amour, il est infiniment préférable de le lui prouver par des actes et surtout par des sacrifices. »

Trois mois se passèrent dans cet état de souffrance mortelle, de tentations, de défaillances !... — « J'ai l'âme épuisée », disait Sœur Agnès de la Croix Pour la relever et la réconforter, nos Supérieures jugèrent bon de l'appeler à la Maison Mère, d'autant que ses maux de tête, réapparus assez violents, réclamaient quelques semaines de repos. Elle-même va nous mettre au courant des conséquences de son séjour momentané à Orléans.

« J'ai eu la lâcheté d'espérer qu'on allait me décharger de ma croix ! Il faut, au contraire, la recharger moi-même sur mes épaules et dire avec Notre-Seigneur : « Levons-nous et marchons ! » O Jésus, force des faibles, ayez pitié de moi !...

« Je ne dois pas me contenter de subir, je dois aimer... je dois épouser cette œuvre... C'est là la part de mon héritage... c'est ce que Dieu demande de moi. Je ne puis le comprendre : je dois le croire et l'adorer... je dois regarder comme une tentation toute autre pensée. »

Puis, de retour à Comines :

« Je voudrais en peu de mots et surtout en peu de temps, ma Révérende Mère, vous dire une foule de choses : je dois tout résumer à l'avance dans un bon *Deo gratias* ! car j'ai l'âme pleine et débordante de reconnaissance envers le bon Dieu qui fait pleuvoir ses bénédictions sur nous et sur nos œuvres, en dépit de son chétif instrument ! C'est vraiment depuis mon retour « la rosée du ciel et la graisse de la terre » qui nous sont données avec profusion ! Je me demande à chaque instant : D'où nous vient ceci?... et cela ?

Et je ne vois de réponse que dans la fécondité
du néant sous le souffle du Créateur... »

A sa tante. — « J'ai bien ressenti, je ressens
chaque jour le secours des bonnes prières que
vous avez eu la charité de faire pour moi pendant la tempête. Oh ! que la communion des
saints est une douce chose ! — A présent, l'orage
est calmé, je respire un peu. Mon voyage à
Orléans m'a fait du bien : il me restera à jamais
comme un humiliant souvenir de ma lâcheté,
mais je ne le regrette pas... Si le bon Dieu l'a
permis, c'est qu'il était nécessaire. J'en suis revenue domptée et comme sacrée par l'obéissance.
J'ai jeté dans le cœur de notre Révérende Mère
et du vrai père de mon âme ([1]) tout ce qui tour-
billonnait en moi. J'ai vidé toutes les objections
du diable contre mon obédience de supérieure...
Malgré cela, notre Mère me maintient, elle me
renvoie en me disant que « cet orage doit être
pour moi (comme il l'est pour mes supérieures)
une confirmation du vouloir de Notre-Seigneur
sur cette petite œuvre et sur l'obédience qu'elle
m'a fait donner... que ce qui a été fortement
secoué par l'ouragan et qui se retrouve debout

([1]) M. l'Aumônier, par qui elle avait été dirigée depuis
l'âge de 15 ans.

après la tempête, est plus assuré qu'auparavant, Dieu lui ayant donné comme une nouvelle et seconde vie ! » Je le crois, je me soumets et je m'abandonne.

« La bonne Providence, d'ailleurs, m'a déjà fait palper du doigt la fécondité du sacrifice. Depuis mon retour, bien des épouvantails ont disparu... bien des difficultés se sont aplanies... beaucoup de bénédictions sont descendues sur nos petites œuvres : j'ai donc pu consoler un peu Mère Supérieure des soucis que je lui ai bien involontairement causés. »

L'heure était venue où l'on allait voir plus clairement la cause de son élection par Dieu pour Comines. Sous l'impulsion d'un pieux attrait, quelques jeunes filles demandèrent la permission de venir le dimanche adorer le Saint-Sacrement dans la chapelle de la petite communauté. Sœur Agnès de la Croix en référa à notre Révérende Mère et l'autorisation fut bien volontiers accordée. De là une nouvelle œuvre allait surgir, imprévue dans les plans de nos Supérieures, mais conçue de toute éternité dans les desseins de la Providence. Sœur Agnès de la Croix en eut vite l'intuition : les âmes des jeunes filles, la persévérance des jeunes filles, n'était-ce pas ce qui,

dès l'âge de seize ans, avait fait battre son cœur
et enflammé son zèle ? Mais, si elle savait l'adhé-
sion de notre Révérende Mère acquise d'avance à
la formation d'un patronage, elle comprenait par
ailleurs qu'il fallait avant tout s'assurer de la
manière de voir de M. le curé de Comines,
l'excellent M. Bracaval, de vénérée et sainte mémoire.

« Je suis allée, ma Révérende Mère, accompa-
gnée de Sœur ***, faire visite à M. le curé. Il m'a
reçue avec tant de bonté que, sans m'y être pré-
cisément préparée, j'ai pu l'entretenir longuement
de la question qui nous intéresse. « Depuis quelques semaines, lui ai-je dit, un petit groupe toujours grossissant de jeunes filles viennent prier
le dimanche dans notre chapelle... d'abord deux,
puis cinq, puis davantage. » A ce premier mot,
M. le curé crut que je voulais me plaindre :
— « Oh ! oh !... je comprends qu'à la fin cela pourrait vous déranger. — Du tout, Monsieur le curé,
bien au contraire : nous ne sommes jamais plus
heureuses qu'en voyant beaucoup d'adorateurs
devant notre petit tabernacle. Je vous parle de
ceci comme d'une chose qui me fait le plus grand
plaisir. — Vraiment !!... — Je vais même plus
loin... et je vois là peut-être le point de départ
d'une œuvre qui entre essentiellement dans l'es-

prit de notre Institut, etc., etc... je veux parler de la Persévérance des jeunes filles. (Là-dessus, je lui cite l'exemple de nos petites maisons de paroisse qui comptent presque toutes une persévérance plus ou moins organisée... Je lui raconte ce que j'ai vu ici ou là... Il m'écoutait avec ravissement.)

— Et vous feriez cela volontiers ici, Sœur Supérieure ? — Je crois bien, Monsieur le curé ! Et je puis vous assurer qu'en cela j'entrerais en plein dans les vues de Mère Supérieure... etc...

— Eh bien ! il y a longtemps que j'y pensais... mais je n'osais pas vous en parler.

— Pour moi, Monsieur le curé, je me suis contentée jusqu'à présent de faire bon accueil à nos adoratrices... Je me suis bien gardée de faire aucune avance sans connaître vos intentions. Dès lors que vous ne voyez pas d'inconvénient à ce que nous attirions les jeunes filles, j'agirai plus hardiment... Je ferai telle et telle chose, et peu à peu j'espère qu'elles se plairont avec nous et aimeront à venir nous voir le dimanche.

— Oh ! que je suis heureux que vous me parliez ainsi ! tout mon désir serait d'avoir un patronage pour les jeunes filles comme il y en a un pour les garçons... J'ai déjà essayé de différentes façons, mais je n'ai pu réussir. Ce n'est pas pour vous flatter... mais je vois que vous leur plaisez, etc... Et puis, ce serait une manière d'avoir quelques vocations... Mais le local?

— Oh ! Monsieur le curé... allons tout doucement. Nous les laisserons venir petit à petit. Pour commencer, nous trouverons bien un appartement pour les recevoir. — Mais elles vous saliront le passage ? — Nous ne regardons pas à un coup de balai quand il s'agit de nos œuvres. — Mais si le nombre grossit ?

— Monsieur le curé, puisque vous me poussez à bout, je vais vous dire ma pensée tout entière. Le jour où nous verrions la nécessité d'un local plus grand, n'avons-nous pas assez de bâtiments pour nous satisfaire ? Quelques locataires à congédier, deux ou trois cloisons à abattre, et voilà une magnifique salle de persévérance ! »

« Si vous eussiez vu, ma Mère, la jubilation de M. le curé pendant l'exposé de mes plans ! (je devrais dire de nos plans, à vous et à moi...)

— J'avais pensé tout cela, me dit-il, mais je n'aurais jamais osé vous le dire, car ces bâtiments sont pour vous un petit revenu ?

— C'est vrai, Monsieur le curé... le seul qui nous empêche d'être complètement à la charge de la Maison Mère. Mais, quand il s'agit du bien des âmes, nos Supérieures savent faire plus d'un sacrifice...

— D'ailleurs, interrompit M. le curé, si vous aviez quelque dépense à faire pour une œuvre de persévérance, très certainement la commune et la paroisse vous aideraient !

— En attendant, Monsieur le curé, nous allons commencer tout doucement. J'aime mieux laisser les jeunes filles venir d'elles-mêmes, librement ; le choix, il me semble, sera meilleur. Et puis, ne vaut-il pas mieux attendre et suivre les indications du bon Dieu ?

— Vous avez raison, Sœur Supérieure ; et moi, à l'occasion, je leur donnerai le conseil d'aller vous voir le dimanche : ce serait une si bonne chose ! » (Et il ne pouvait me laisser partir) . .

. . . .

« D'autre part, j'ai parlé avec L. J. de l'adoration du Saint-Sacrement. Je lui ai jeté la première idée d'organiser quelques adorations régulières (le jeudi, par exemple). Cette idée lui a beaucoup plu, et, dès hier, nous avons commencé. »

A sa tante, aussitôt après. — « Nous avons un commencement de persévérance qui promet beaucoup et je voudrais l'établir sur des bases

solides. M. le curé a toujours essayé d'organiser
cette œuvre « sans succès », dit-il ; les religieuses
de Notre-Dame, également. Or, les jeunes filles
ont un attrait marqué pour nous... elles n'attendent qu'un signe pour venir. La prudence
m'empêchait jusqu'à présent de faire ce signe,
mais toutes les voies étant libres maintenant, j'ai
jeté les premiers jalons... Dans nos réunions, on
joue... on dit le chapelet, on fait une petite adoration avec un bonheur inouï. Prions et offrons
des sacrifices, Dieu seul peut faire le reste ! »

Soit dit en passant et avec un juste sentiment
de reconnaissance, les Religieuses de Notre-
Dame auxquelles Sœur Agnès de la Croix fait
allusion et qui se consacrent avec un admirable
dévouement à l'éducation populaire des enfants de
Comines, n'ont cessé depuis le début de la fondation de témoigner à nos Sœurs la plus sympathique cordialité. Loin de prendre ombrage de
l'œuvre de persévérance dont on semait le germe,
elles s'en réjouissaient et s'y associaient en offrant
des fleurs pour l'ornementation de la chapelle,
délicatesse que nous citons entre mille autres,
car les deux communautés semblent n'en faire
qu'une, grâce aux liens fraternels qui les
unissent.

Revenons au patronage : « Notre persévérance (que je laisse se former sans bruit, sans réclame et plutôt en modérant qu'en poussant) met toutes les familles en émoi. C'est à qui nous enverra ses filles. Et celles-ci racontent tant de merveilles de nos réunions (bien simples) que les mères « regrettent de n'être plus jeunes filles ». — C'est-y malheureux d'être mariée ! disait une brave femme à Sœur ***.

« Hier, nous avions onze jeunes filles. J'en ai déjà accepté quatre de plus pour dimanche prochain. »

A sa sœur Thérèse. — « Je crains de t'avoir alarmée par les quelques mots qui m'ont échappé sur ma croix de supérieure... Je ne trouve rien qui exprime mieux ma pensée que ce couplet de mon cher cantique :

> Oui, la douleur est salutaire :
> C'est le creuset d'où surgit l'or !
> Immolons-nous sur le Calvaire...
> Le Calvaire est près du Thabor !...

« Depuis mon retour d'Orléans, il est tombé sur ma route une pluie de bénédictions temporelles et spirituelles. Tu peux le dire de ma part à *qui* s'y intéresse. Bénédictions sur notre petit intérieur religieux... bénédictions sur nos œuvres... bénédictions pécuniaires... Je n'ai pas assez de mes deux genoux pour me prosterner et m'humilier de ce que Dieu récompense tant de lâcheté par tant de grâces !

« Une persévérance a germé le jour de sainte Agnès. Et voilà que tout doucement les jeunes filles nous arrivent : nous avons déjà neuf habituées qui restent avec nous le dimanche, de quatre heures à sept heures. Le nombre s'accroît chaque huitaine : il y a de la foi, de l'amour, de la dévotion envers le Saint-Sacrement... quelque chose qui vibre, en un mot... »

Dès le 22 mars, une lettre à notre Révérende Mère nous apprend qu'il y a déjà trente-cinq persévérantes. Vient ensuite un récit prouvant tout à la fois l'attraction de grâce qu'exerçait sans le savoir Sœur Agnès de la Croix et sa prudente réserve dans ses relations avec les âmes :

« L'autre jour, une jeune fille se présente timidement à la porte et demande si on lui permettrait de voir la chapelle. Je l'introduis et me retire en lui disant qu'elle pouvait rester à sa dévotion. Deux heures plus tard, quand je conduisis nos persévérantes à l'adoration accoutumée, elle était encore là. Elle prit part aux prières et aux cantiques, mit une offrande dans le tronc, et, quand j'eus congédié tout mon monde, elle se jeta presque dans mes bras : « Ah ! que je vous remercie de la satisfaction que vous venez de me donner ! Que c'est beau ! que votre œuvre est belle !... Il y a si longtemps que je désire vous parler : j'ai le cœur si plein, etc. » En deux mots tout fut compris. Mais j'eus tellement peur de me laisser entraîner par un mouvement trop naturel à me jeter au-devant de l'inconnu, moi si jeune, si inexpérimentée et par nature si confiante dans ce qui sent la vertu et le bon Dieu, que je coupai court à cette expansion en disant à la chère enfant que l'heure était passée pour moi de recevoir, mais que je la remettais à un des jours de cette semaine où je lui donnerais tout son temps. Pour cela encore, ma Mère, je réclame des prières. »

6 *avril*. — « Je vais étudier le règlement de la persévérance de La Rochelle afin de l'adapter à notre monde, mais sans me presser. Il ne faut pas aller trop vite... et tout marche si bien, ma Révérende Mère, que j'en tremble. Heureusement que nous avons eu des épreuves au commencement ; sans cela j'aurais peur de ce succès, de ce progrès si rapide !... (*Elle ne donne pas ici*

de détails sur les épreuves en question, mais évi-
demment sa bonne volonté et son courage avaient
rencontré des obstacles à tourner ou à vaincre.)
Aussi je passe mon temps à modérer tout le
monde et M. le curé le premier. Le soir de la
première communion, malgré toutes mes recommandations respectueuses, il n'a pu s'empêcher
de parler de nous en chaire.

« Nous avons trente-neuf persévérantes ins-
crites sur le registre, sans parler de toutes celles
qui postulent et que nous laissons postuler à
dessein, n'ayant pas la place de les recevoir.

« Depuis qu'il fait moins froid, nous les mettons dans la pièce qui est à côté de la buanderie,
mais c'est plein comme un œuf. Dès qu'il va faire
assez chaud, nous les installerons « sous l'ormeau » que nous avons planté pour elles. Mais
qu'il vienne à pleuvoir et nous voilà perdues !

« Ce n'est pas tout : le lendemain de la première communion, beaucoup de mères en grande
toilette sont venues nous présenter leurs filles
en demandant comme une faveur la permission
de les envoyer à notre patronage. A chacune de
ces enfants, j'ai fait la même réponse : « Certainement... nous verrons cela. Je vais inscrire votre
nom et, dès que nous aurons la place de vous recevoir, nous vous le ferons dire. En attendant,

soyez bien sage, etc... car nous ne prenons que les bonnes filles... » Suivait une petite visite à la chapelle... je donnais une image et l'on partait content.

« Une de ces petites filles m'a dit qu'elle avait demandé au bon Dieu la vocation religieuse. Et la mère d'ajouter : « J'espère bien qu'elle sera « exaucée : elle a tant brûlé de bougies et fait « tant de prières ! » Et nous avons dit, la mère, l'enfant et moi, trois *Ave Maria* à cette intention. »

Mai. — A Sœur Marie de la Réparation. — « Monsieur le Directeur (¹) fixa notre premier salut au premier vendredi du mois de mai. Réunir quelques chanteuses, faire nos invitations, nous procurer des fleurs et des lumières, telle fut aussitôt notre plus chère occupation, car nous voulions donner à ce premier salut chez des Gardiennes-Adoratrices de l'Eucharistie toute la pompe que saurait offrir notre miniature de chapelle. Pour commencer, nous n'avons pas ébruité la chose, tout le monde aurait voulu venir ! Nous avons pris le parti d'inviter uniquement la

(¹) **M.** l'abbé Cavle, chargé de la direction spirituelle des Religieuses de Notre-Dame et de nos Sœurs, et désigné dans le pays sous le titre de « Monsieur le Directeur ».

Société de Saint Vincent de Paul ; nos invitations ont été accueillies avec la plus vive satisfaction ; nous étions en tout vingt-sept personnes (sans compter le prêtre et les deux enfants de chœur), c'est-à-dire autant que notre petit sanctuaire en peut contenir.

Quant aux non-invités, ils se disaient en voyant passer tant de beau monde : « Ah ! youille, youille !!... si je savais entrer, je serais *saisi* !... »

« Notre fête a très bien réussi. La chapelle était ravissante, une vraie bonbonnière étincelante et fleurie. Les chants ont bien été : tout simples et recueillis. J'avais choisi mes chanteuses parmi les petites âmes que je soupçonnais avoir envie de me parler de choses sérieuses, mais qui n'osaient m'aborder. Les répétitions, en effet, ont été suivies de longues confidences, pleines de consolation et d'espérance. Priez beaucoup à ces intentions : il y a ici des trésors de jeunes filles qui paraissent marquées pour la vie religieuse. Elles nous aiment beaucoup... seront-elles pour notre Congrégation ? Les influencer me serait odieux, mais si nous pouvions influencer le bon Dieu ! . . . .

. . . .

« Le patronage nous occupe beaucoup. Le

premier dimanche de mai, M. le curé avait annoncé en chaire le salut du mois de Marie pour six heures. Sur un désir discret, presque timide qu'il m'exprima ensuite, nous y conduisîmes notre persévérance en corps. Représentez vous donc, ma sœur, un petit bataillon de cinquante jeunes filles rangées et alignées comme un vrai pensionnat, disciplinées par les plus grandes d'entre elles (que nous avions chargées de la surveillance et de l'ordre) et accompagnées par nous à quelques pas en arrière. Comme nous devons traverser la ville pour nous rendre à l'église, tout le monde était aux portes pour voir cette nouveauté ! En réalité, le zèle et la simplicité de ces grandes qui s'acquittaient militairement de leur charge, c'était charmant !

« A l'église, nouvelle sensation ! Ces jeunes filles remplirent la partie supérieure de la nef de la Sainte Vierge, et, quand M. le curé aperçut du haut de la chaire notre petit troupeau, il lui exprima en termes émus sa grande satisfaction et termina par des paroles de félicitation et d'encouragement qui électrisèrent les enfants.

« On revint en ordre comme on était parti, et ce fut en rentrant une explosion de joie ! on aurait déjà voulu être au dimanche suivant pour recommencer.

« Dans le courant de la semaine, M. le curé
me dit : « Et maintenant, pourquoi ne leur feriez-
« vous pas chanter un cantique ? — Très volon-
« tiers, Monsieur le Curé, ce sera pour dimanche
« prochain. » (Je le désirais moi-même, mais
j'attendais qu'on nous le demandât.)

« Hier donc, grandes émotions : on allait
chanter à l'église ! On était pressé de partir...
mais, comme je craignais que la joie ne com-
promît l'ordre des rangs, j'annonçais, sous
forme de petit jeu ou de défi, que je ferais deux
appels en rentrant : le premier, pour l'aller ; le
second, pour le retour... promettant une récompense mystérieuse à qui n'aurait pas dit un
mot.

« Le croiriez-vous ? elles ont tant d'émulation
qu'une seule avait parlé dans un trajet d'une
demi-heure. Grâce à nos aides de camp, elles se
sont tenues comme des soldats sous les armes...
Après le salut, nous avons chanté le cantique :
« Viens, viens à moi, m'a dit souvent le monde »,
dont les paroles répondirent directement au sermon de M. le Curé sur les plaisirs défendus.
(Vous ne serez pas fâchée d'apprendre que la fin
du sermon portait sur les devoirs d'un honnête
cabaretier. Or, ce sermon, notez-le en passant,
nous tenait lieu, ce jour-là, d'oraison, car depuis

le matin, tout notre temps avait été absorbé : je suis encore à chercher ma résolution pratique.)

« Au retour, l'appel ; puis distribution de berlingots et tirage de la **récompense promise**, puisque tout le monde y avait droit.

.   .   .   .

.   .   .   .

.   .   .   .   « A l'instant, on vient de nous appeler en toute hâte. L'individu parlait flamand et paraissait très affligé et très pressé... J'articule quelques mots : Malade ? — Oui... tombé... — Blessé ? — Oui, fort !... grande perte. — Votre maison ? — Tombé... à la rue...

« Insuffisamment éclairées, nous allons chercher une interprète et que découvrons-nous ? il s'agissait de son cheval tombé mort dans la rue. Alors nous nous sommes récusées. On n'a pas besoin de nous pour panser les chevaux... surtout quand ils sont déjà morts !... C'était peut-être pour l'ensevelir ?...

.   .   .   .

« Adieu, je vous quitte pour aller panser une *vraie* malade !

Juin. — *A sa sœur Thérèse.* — Tu veux des nouvelles de la Persévérance ?... — Soixante jeunes filles... assiduité presque générale depuis quatre heures et demie jusqu'à huit heures du soir... jeux pleins d'entrain, réunions par groupes à la chapelle, prières en commun, cantiques à l'église pendant les mois de Marie et du Sacré-Cœur. De temps en temps, grande promenade aux environs : on nous invite de tous côtés !

« Dimanche dernier, comme c'était la fête du Saint-Sacrement, les persévérantes avaient imaginé de nous souhaiter notre fête... pensée pleine de délicatesse ! A l'heure ordinaire, on arrive en foule avec des airs mystérieux qui disent tout. Les plus grandes dirigent la bande : on fait un grand cercle dans le jardin... on demande que toutes « les ma Sœur », soient présentes... on bat la mesure et on entonne un chant.

« Puis la présidente (escortée de la vice-présidente qui porte un énorme et magnifique bouquet monté des plus fines fleurs) s'avance avec un compliment. La pauvre enfant était tellement impressionnée qu'elle a failli se trouver mal ! Nous étions d'autant plus touchées que cela venait de leur spontanéité. Nous avons répondu que, dans une famille, la fête des parents était aussi une fête pour les enfants... et qu'à notre tour, nous avions à fêter les « enfants de l'Eucharistie ».

« Aussitôt dit, aussitôt fait. Grand concours pour arriver, les yeux bandés, à faire basculer un panier suspendu et plein de roses. Celle qui réussissait recevait, outre une pluie de fleurs sur la tête, un lot à son choix dans des paquets enveloppés... De là mille surprises, des cris de joie, des applaudissements qui retentissaient à la ronde. Tout le quartier était en émoi. Nos filles ne sont pas des eaux dormantes, il s'en faut ! Elles aiment beaucoup le plaisir, encore plus « les ma sœur », ce qui fait qu'elles se trouvent à merveille ici. Puissions-nous leur faire du bien ! C'est déjà beaucoup de les préserver de l'oisiveté du dimanche, qui est la mère de tous les désordres.

« Tu me demandes qui soutient le patronage comme fonds ? Nous faisons plus de frais d'imagination que d'argent. Cependant, quand il nous arrive quelque gracieuseté de la Providence ou de saint Antoine, nous ne nous en plaignons pas.

« Mais ce qui nous sera indispensable pour l'hiver, c'est un local... A chaque jour suffit sa peine ! »

A notre Révérende Mère. — « L'œuvre marche bien. A son tour, M. le Directeur me pousse en avant et je me laisse faire très volontiers. Je vous dirai ses plans, ma Mère : ce sont aussi ceux de M. le Curé... Ils en ont parlé en conférence de Saint Vincent de Paul, et tout le monde est d'accord pour se mettre en frais. Je crois, de mon côté, que le fruit est mûr et que nous ferons bien de le cueillir à point.

« Une quête à domicile, faite par nous pour la construction d'un local, serait très bien accueillie. Ces dames elles-mêmes nous y invitent et nous attendent en manifestant clairement leurs généreuses dispositions.

« Toutes aussi nous conseillent (et ces Messieurs mieux encore) de pousser la quête jusqu'à Comines - France, d'où sont déjà venues de grosses sommes pour le patronage des jeunes gens.

« Dimanche dernier, nous avons eu encore assez beau temps pour promener nos enfants... mais à deux (1), c'est une charge. Aussi leur ai-je donné congé pour le temps où je vais aller en retraite : « Mes enfants, je vous accorde quinze jours de vacances. — Non, non, Sœur Supérieure, quinze jours de pénitence ! » Plusieurs en ont pleuré. »

-----

(1) Trois Sœurs étaient à Orléans pour la retraite annuelle.

A l'une de nos Sœurs Directrices. — « ... Si je pouvais vous envoyer quelques-unes de nos grandes pour allumer le feu sacré parmi vos chères enfants, puisque, dites-vous, elles ne sont pas assez ardentes ! Un quart d'heure avant l'heure réglementaire, les nôtres attendent à la porte. Pas une n'arrive en retard sans s'être fait excuser ou sans avoir la permission. Et, quand il faut partir, nous devons user d'autorité. »

A la même. — « Nous avons des jeunes filles de fabrique (petits lis au milieu des épines) qui ont une tenue admirable et vivent au-dessus du foyer de corruption, soutenues par le désir de garder leur cœur au bon Dieu ! Pauvres enfants ! quel bien nous pouvons leur faire, étant donnée leur affection pour notre petit couvent. Aussi j'aspire à posséder un local qui nous permettra de les réunir plus nombreuses et de les mieux amuser. Pour le moment, nous devons les congédier quand il pleut, n'ayant pas où les faire entrer. Mais ce n'est pas chose commode ! »

A la fin de septembre, MM. Bracaval et Cavle publièrent la lettre circulaire que voici :

« Les Sœurs Gardiennes-Adoratrices de l'Eucharistie ont fondé récemment, à Comines-Belgique, un patronage pour jeunes filles. Cette œuvre a pris en peu de temps une vitalité étonnante et produit déjà les plus heureux résultats.

« Nous constatons avec un vif regret que les locaux actuels empêchent le développement de l'œuvre et que, pour la continuer, il est d'urgente nécessité de bâtir un nouveau local suffisamment spacieux pour abriter ces jeunes filles qui nous arrivent en nombre toujours croissant. Aussi, faisons-nous un pressant appel à votre charité et nous espérons que les familles chrétiennes s'intéresseront à une œuvre éminemment moralisatrice et nécessaire dans une localité de plus en plus populeuse. »

Dès les premiers jours de janvier 1898, Sœur Agnès de la Croix écrivait :

« Au retour de la retraite, nous nous sommes mises en devoir d'effectuer une quête à domicile dans toute la paroisse. Pendant un mois et demi, nous avons fait le service d'aller sonner de porte en porte. Il nous fallait environ 6,000 francs. Nous en avons actuellement 4,500, que nous avons placés à la caisse d'épargne en attendant que saint Antoine nous envoie ce qui manque. On parle de commencer les travaux vers le carême

et, comme ici les constructions ne traînent pas,
nous ne tarderions point à posséder le local,
cela devient urgent... »

On peut aisément s'imaginer la constance et le
courage déployés par notre chère Sœur dans
l'office de solliciteuse dont elle vient de parler.
Pour n'en donner qu'un exemple : poliment écon-
duite par deux fois d'une riche maison, avec
promesse qu'on lui porterait une offrande : « Eh
bien ! je ne me lasserai pas la première ! » se dit-
elle résolûment, décidée à revenir à la charge
autant qu'elle le pourrait. Ajoutons que l'offrande
arriva enfin, un peu sur le tard, mais fut des
plus belles.

Pendant que la zélée Directrice achève une
quête, source de nombreux sacrifices, écoutons
comment sa tendresse filiale continuait de parler
à sa mère et comment aussi elle racontait certains
incidents d'une fête locale.

2 novembre. — « La fête d'hier et celle d'aujourd'hui nous font regarder le ciel, où il fera si
bon se retrouver en Dieu, au complet et pour
toujours ! Là, nos sacrifices paraîtront peu de
chose, et, si nous pouvions y avoir un regret,

ce serait pour ceux que nous n'aurons pas faits !
Je vous avoue, ma petite maman, que je serais
souvent bien lâche sans la pensée du ciel. Le
bon Dieu m'a donné, je crois, la dévotion au paradis comme contrepoids à ma faiblesse, et c'est
à chaque instant que je dois y avoir recours. Ce
n'est pas en y rêvant qu'on le mérite : c'est en
travaillant, en souffrant, en l'achetant, et je crois
qu'on ne saurait mieux mériter pour le ciel qu'en
pratiquant, comme vous le faites, l'abnégation
de tous les instants.

« Puis, n'y a-t-il pas déjà là-haut quatre petites âmes qui, sans vous, ne connaîtraient pas
le bonheur éternel ? Comment pourraient-elles
ne pas vous y préparer une place ? J'ajoute cependant qu'il y a, sur la terre, six autres petites
âmes qui, sans vous, ne connaîtraient plus de
joie complète. Il ne faut donc pas trop vous
presser, ma chère maman, de quitter les unes
pour les autres ! A la garde de Dieu !

« Nous sommes en pleine neuvaine de saint
Chrysole. Trois jours avant la fête (7 février),
il y a eu comme une mission dans Comines.
Deux Pères Rédemptoristes en ont donné simul-
tanément les exercices, l'un en français, l'autre
en flamand. Le principal bénéfice pour nous a

été d'avoir la messe de l'un ou l'autre de ces bons et saints Pères presque tous les jours de la semaine dernière. C'est une bonne fortune que nous recueillons avec joie !

Si vous saviez comme il fait bon dans notre petit oratoire, quand nous y sommes seules avec le prêtre à l'autel ! Tout alors s'illumine : les ténèbres et les cœurs... souvent, en cas d'impromptu, je réponds la messe. Après la consécration, je cours à l'orgue et nous chantons à nous deux, Sœur *** et moi, quelque motet au Saint-Sacrement, auquel répond *toute la Communauté* (¹) ; puis je reprends mon poste d'enfant de chœur. Après son action de grâces, le Révérend Père, quel que soit son nom, vient au parloir et nous raconte ses joies de missionnaire ; il prend ensuite congé de nous, non sans nous promettre un souvenir dans ses prières.

« Le revers de la médaille, c'est que ces vénérables prêtres et religieux sont horriblement matinaux ! Cette semaine, cela nous a bien amusées. Le premier nous ayant demandé de dire sa messe à six heures, nous avons trouvé cela très raisonnable. Le second, encouragé sans

(¹) Qui ne compte que trois autres Sœurs ; voilà pourquoi les mots sont agréablement soulignés par Sœur Agnès de la Croix.

doute par notre bonne composition, exprime le désir de commencer à cinq heures et demie, à cause de ses confessions. Soit, je dis oui... Mais voilà que, le soir de ce même jour, arrive M. le curé d'Houthem (vénérable prêtre que tout le monde, y compris nous, appelle « mon oncle ») qui me prie de lui accorder l'autel, le lendemain, pour quatre heures et demie ! Refuser était impossible... d'ailleurs le bonheur d'avoir la Messe pouvait s'acheter à ce prix ! Après avoir beaucoup ri entre nous de nos progrès en diligence, nous nous sommes demandé avec anxiété ce qui allait nous arriver le jour suivant : ne serait-ce pas la messe de minuit ? si elle était en usage ici, nous aurions pu le croire... Ne vous alarmez pas cependant en songeant à la fatigue qui peut résulter de ces prouesses. Je vous cite des faits exceptionnels, et nous sommes, croyez-le, assez obéissantes pour interpréter les intentions bien connues de Mère Supérieure, en rattrapant le soir ce que nous avons perdu le matin.

« Revenons à Saint Chrysole. La mission a eu plein succès : plus de huit cents communions ont été distribuées le dimanche, sans compter celles qui avaient été faites le vendredi et le samedi.

« Pendant ce temps, la châsse contenant les

reliques du Saint est exposée au milieu de l'église
à la vénération des fidèles, dont une des grandes
dévotions consiste à tourner cinq fois tout autour
en récitant cinq *Pater* et cinq *Ave*. Bien que la
chose nous parût fort nouvelle et assez étrange,
nous avons voulu nous exécuter ! Mais, quand
nous nous sommes vues ainsi à la queue
leu leu tournant au milieu de l'église, le fou rire
nous a prises. Sœur ***, très forte en cette matière, s'est prudemment éclipsée ; à son exemple,
Sœur H... s'est contentée de nous regarder de
loin. En somme, il n'est bientôt plus resté avec
moi sur la brèche que Sœur M..., mais l'épreuve
a paru si longue à ma compagne qu'elle m'a
affirmé que je lui avais fait faire quatorze ou
quinze tours ! A moins d'un ravissement tout à
fait inconscient de ma part, je n'en ai compté
que cinq.

« On invoque surtout saint Chrysole contre les
maux de tête... »

Ailleurs, elle explique que, parmi le peuple de
Comines, bon nombre de personnes parlent un
mauvais français, qu'elles appellent « le patos » ;
et, dans une lettre fin de décembre : « Nous nous
préparons maintenant à subir l'assaut des compliments du jour de l'an. On nous en annonce

pour la pleine journée : aux français, nous répondrons de notre mieux... aux « patos », nous aurons l'air de comprendre... et aux flamands, nous nous inclinons d'avance comme si nous avions tout compris... »

Dans le courant d'avril 1898, Sœur Agnès de la Croix fut atteinte d'une maladie, qui, sans mettre ses jours en danger, ne laissa pas de donner de l'inquiétude, la soumit à un traitement pénible, à une longue réclusion et, partant, à de multiples sacrifices. Rien n'altérait sa patience et sa sérénité. La construction de la salle du patronage, contiguë à la chapelle, ayant nécessité provisoirement le retrait de la Sainte Réserve, M. le Directeur dut cesser de communier la chère malade plusieurs fois chaque semaine. Pour une âme affamée comme la sienne de la Sainte Eucharistie, on devine combien grande était cette privation ! Pas une plainte ne lui échappait cependant. Un matin, revenant de la messe, nos Sœurs lui exprimaient leur compassion et leurs regrets à cet égard : « Oh ! se contenta-t-elle de répondre avec son doux sourire, il y a bien des manières de communier ! »

De sa chambre, voire même de son lit, elle ne cessait de diriger son bien-aimé patronage. Au mois d'août, **sa** convalescence lui permit d'y reprendre une part active.

« La salle est terminée, écrivait-elle avec bonheur ; si vous le trouvez bon, ma Révérende Mère, nous donnerons pour patrons à notre Persévérance les Saints Anges gardiens. »

Pensée toute naturelle quand il s'agit de préserver et de protéger l'innocence de la jeunesse, mais que s'expliquent doublement ceux qui ont connu la tendre dévotion de Sœur Agnès de la Croix envers son Ange gardien : « C'est à elle que je dois d'aimer mon bon Ange comme je l'aime », disait une de nos enfants.

Voilà donc le patronage confié aux esprits célestes et en possession d'un superbe bercail : « Comme je me réjouis des bonnes nouvelles que vous me donnez de votre Persévérance, écrit la Directrice à Sœur J.-E., et combien je voudrais pouvoir partager avec vous notre jardin et notre beau local ! Le bon Dieu vous traite en âmes fortes, puisque vous n'avez encore ni jardin, ni salle spacieuse ; nous sommes, nous, des enfants gâtées... quel sera le plus fructueux pour les âmes et pour l'éternité ?...

« Heureusement que nous avons encore par-ci, par-là, quelques petites tribulations. Certains esprits commencent à nous critiquer. On dit : Ce n'est pas solide, c'est une œuvre qui tombera, etc...

« Ce n'est pas moi... Dieu me pardonne !
Ni vous, ni lui... J'en étais sûr, ce n'est personne,
Mais ON l'a dit !... »

« Nous en rions et nous disons : « Si l'œuvre tombe, c'est que le bon Dieu préfère que nous en fassions une autre, et alors on verra... d'ailleurs, elle ne tombera jamais de bien haut, car notre ambition est de la tenir petite. J'ajoute que ces petites critiques ne viennent pas non plus de bien haut... et nous ne nous en tourmentons pas plus que des petits chiens qui aboient. »

L'inauguration de la salle du patronage au commencement d'octobre fut l'occasion d'une fête charmante, admirablement préparée par la Directrice, avec le concours des Sœurs et de plusieurs jeunes filles des meilleures familles de Comines. Le tout s'était fait sans émoi, sans agitation, selon l'habitude de Sœur Agnès de la Croix, dont la manière d'agir était au superlatif la mise en pratique du mot si connu : « Le bruit ne fait pas de bien, le bien ne fait pas de bruit. »

Le progrès allait toujours s'accélérant, comme le prouvent ses lettres de la fin de novembre :

« Ah ! que je voudrais partager avec vous toutes mes joies *de mère* ! écrit-elle à Sœur J.-E... j'ai quatre-vingts enfants le dimanche à mon foyer !!! et je vous assure que, si elles « allongent » (¹) toute la semaine pour venir, moi aussi « j'allonge » de les voir. Pour moi comme pour elles, le dimanche est un jour de fête ; ceci ne veut pas dire que nous n'ayons que des enfants modèles. Il y en a de toutes les trempes, mais les plus difficiles ne sont pas les moins attachées. Nous avons quelquefois des scènes curieuses, je vais vous en donner un échantillon :

« Parmi nos meilleurs diables de la seconde division (12 à 14 ans), nous possédons une grande enfant A. G. qui savait, à elle seule, mettre le désordre dans toute la réunion, au point que nous nous disions quelquefois : « Nous ne pourrons pas la garder longtemps ; si elle ne nous quitte d'elle-même, nous serons obligées de l'exclure... » Mais patience ! voici l'époque des élections. Montée sur un petit tabouret en guise d'estrade, dans une assemblée solennelle, je pérore pendant une demi-heure sur les qualités d'une bonne présidente, l'importance de faire un bon choix, etc... Puis, aux enfants de la seconde

____

(1) Expression cominoise.

division qui n'avaient pas encore voté, j'explique comment il faut procéder... Pour bien me faire comprendre sans compromettre personne, je dis : Ecrivez sur votre billet un nom, par exemple : « A. G. » Tout le monde de rire. On relève les bulletins et je mets tout mon troupeau en liberté. Mais le soir, quelle ne fut pas notre stupéfaction en dépouillant le scrutin ! A. G. avait la majorité... Nous crûmes d'abord à une espièglerie d'enfants et parlions d'annuler le vote. Mais je dis à nos Sœurs : Essayons-en... qui sait? ce sera peut-être sa conversion? je ne croyais pas dire si juste ! — Le dimanche suivant, on accourt en hâte pour entendre le compte rendu des élections. A. G. est proclamée présidente de la seconde division. L'originalité du coup fait que tout le monde est content. Ravie et transportée, la Présidente s'en retourne chez elle, où l'on va encore lui porter des compliments.

« Huit jours après, elle arrive au patronage avant ses compagnes, l'air mystérieux et tout affairé, suivie de X, mise dans le secret et qui porte quelque chose dans son tablier : « Ma Sœur, me dit-elle, quand tout le monde sera arrivé, si vous voulez bien réunir ma division, j'ai à leur parler... » L'idée me plut. — Et qu'avez-vous donc à leur dire ? — Ma Sœur, c'est pour ma bienvenue, j'ai apporté un petit régal pour mes enfants... » et elle me montra le tablier plein de bonbons. — C'est bien, mon enfant, cela me prouve que vous prenez votre charge au sérieux ; attendez encore quelques minutes et je ferai ce que vous désirez. »

« Toutes les persévérantes arrivées, j'agite ma sonnette. Grandes et petites se précipitent vers moi. « Non, non, mes enfants, je n'appelle que la seconde division : les autres peuvent se retirer. — Ah ! youille... youille !... yaille !... yaille !... qu'y a-t-il pour nous ? — Je les emmène dans une pièce à côté. A. les range tout autour comme l'eût fait un général avant la bataille : « Voyez, mes enfants, leur dis-je, comme le bon Dieu vous a donné une bonne présidente ! Ecoutez plutôt ce qu'elle a à vous dire. Parlez, A., expliquez-vous. » Là-dessus, elle ouvre son tablier et s'écrie : « Y en a pas beaucoup, vous savez, mais c'est du *bon* !!! » Et toutes d'applaudir et de crier : « Vive la présidente ! »

« Suivit la distribution à deux ou trois tours : elle donna jusqu'à la boîte et l'on cria de nouveau : Vive la présidente ! Je fis une petite morale *ad hoc* et leur suggérai le cri de : Obéissance à la présidente ! qui fut spontanément répété. Là-dessus, je congédiai la division et l'on commença aussitôt à mettre en pratique les beaux serments. Depuis ce jour, la sagesse d'A. ne s'est pas plus démentie que son zèle. Tout le monde lui obéit au moindre signe. « Je viens bien à bout de ma division, me dit-elle un jour : je n'ai pas de misères avec mes enfants, je me passerais bien de zélatrices. » Bien plus, A. devient apôtre. Elle m'a amené dimanche dernier une certaine compagne, inséparable de ses mauvais jours « pour lui faire demander pardon. »

« Que dites-vous de notre A.? Je vous en souhaite quelques-unes de la même trempe ».

« Je vais vous raconter ce que nous avons fait pendant la « ducasse », fête de trois jours avec jeux et réjouissances publiques. D'abord, le dimanche dans la soirée, réunion de 82 enfants, panégyrique de sainte Catherine par M. le Curé et salut solennel.

« Le lendemain lundi, jour de tapage et de folies dans les rues, nous avions invité les Enfants de Marie, au nombre de douze, à venir passer la journée entière avec nous. Voici le programme de cette journée « en paradis » :

« Neuf heures : grand'messe paroissiale de sainte Catherine, où leur présence et leur tenue furent remarquées avec édification. De dix heures à midi, ouvroir dans la grande salle, en causant, en chantant des cantiques et en nous racontant des traits de la fabrique. Sans s'en douter, ces enfants sont héroïques et font un bien immense autour d'elles. Exemple : M. et R. sont voisines de travail. Or, il est défendu de chanter ; mais, dès que le contre maître s'absente, l'entourage entonne des chansons abominables... Aussitôt nos enfants commencent un cantique à la Sainte Vierge et chantent à tue-tête pour couvrir les voix. Le surveillant gronde et menace d'avertir le contre maître... — « Quand les autres se tairont, disent-elles, nous nous tairons aussi. Si vous parlez au contre maître, nous lui dirons que nous avons été obligées de chanter un cantique pour ne pas entendre vos vilaines chansons! »

« Reprenons le programme. A midi, on s'en va dîner. A une heure et demie, on revient en hâte pour la récréation. Petits jeux, loteries, etc., jusqu'à quatre heures.

« A quatre heures, on fait des crêpes avec un délire de joie. Puis, dans un costume de marmiton, une persévérante vient mettre le couvert pour le goûter et apporter ses produits tout chauds. « L'appétit ne fit point défaut » : nous nous étions approvisionnées aux frais du patronage et le goûter fut fort *goûté*.

« A six heures, chapelet, prières au Saint-
Sacrement, et prière spéciale pour la Communauté en usage dans la Congrégation. Les
enfants y sont admises. Elles étaient si « saisies
« d'entendre tout cela qu'elles n'osaient plus
« respirer. »

« A sept heures, il fallut partir, non sans
chagrin, non sans promesses de fidélité à se
tenir serrées les unes contre les autres. Nos
dévouées auxiliaires, Mlles B., étaient jubilantes
aussi. Mais je puis bien vous dire que la plus
heureuse, je crois, c'était moi !

« Mardi, nous ne devions pas ouvrir la salle
avant cinq heures du soir pour une convocation
générale. Mais nos grandes ne nous laissèrent
pas de repos qu'elles n'eussent arraché la permission d'apporter leur ouvrage pour travailler
ensemble toute la journée comme la veille... »

En moins de deux ans, cette œuvre du patronage, essayée à Comines deux fois sans succès,
s'était donc développée au point de réunir plus
de quatre-vingts jeunes filles. Nous l'avons déjà
insinué et chacun se le disait tout bas, ceci
était dû en grande partie au charme céleste
et irrésistible de Sœur Agnès de la Croix,
lequel attirait aussi vers la jeune Directrice des

personnes d'un rang distingué, qui venaient
prendre conseil de sa surnaturelle maturité, s'édifier et se sanctifier à son angélique contact.
D'un autre côté, par le sentiment profond qu'elle
avait de son néant, par sa simplicité sans retour
sur soi, par son horreur de la vaine complai-
sance qui lui faisait dire à ses Sœurs : « N'accep-
tons pas une pensée d'amour-propre, cela gâte-
rait tout, » elle charmait également le cœur du
Dieu qui est jaloux de sa propre gloire, et la
bénédiction d'en haut tombait d'autant plus abon-
dante sur son travail qu'elle songeait moins à
s'attribuer le succès.

Il est temps de la considérer un peu comme
Directrice.

Ses débuts sous ce rapport, source pour elle
d'une vraie torture intérieure, ainsi que nous
l'avons vu, s'étaient nécessairement ressentis
du combat qui se livrait dans son cœur entre
l'obligation d'exercer la supériorité et la conviction de son insuffisance. Cette conviction,
du reste, ne provenait pas tout entière de l'illusion d'une âme à qui l'humilité cache ses propres
avantages : non, quelque chose lui manquait
réellement. Elle n'avait pas encore assez vécu la

vie pratique et il lui fallait commander à des Sœurs d'une expérience, à cet égard, au-dessus de la sienne. Puis, gouverner est un art où bien peu excellent de prime abord, au point d'être impeccables. En cela, comme en toute chose, chacun doit faire ses écoles et Sœur Agnès de la Croix les commençait. Aussi était-ce bien en connaissance de cause et avec raison que notre Révérende Mère lui avait écrit : « Je sais vos lacunes. » Les Supérieures cependant étaient demeurées fermes dans leur première décision, s'appuyant sur l'espoir que leur donnaient d'autre part les qualités et les vertus de notre jeune Sœur.

L'avenir justifia promptement cette confiance.

« Oh ! nous dit une Sœur, témoin des difficultés qui suivirent immédiatement la fondation, le malaise et les heurts ne durèrent pas bien longtemps : quand Sœur Agnès de la Croix eut compris sa mission et l'œuvre de Comines, on ne fit plus que jouir et profiter des trésors que Dieu avait mis en elle. »

Quoique ferme, la Directrice imposait rarement sa volonté, mais donnait sa décision en se basant sur nos Constitutions telles que nos Supérieures les entendent et les appliquent dans le détail de la vie.

Du reste, pour ce qui la concernait personnellement, elle tenait à se faire guider en
tout par l'obéissance. Après une série de demandes à notre Révérende Mère et la réponse
reçue :

« Merci, écrivait-elle de nouveau, merci, ma
Mère, des « non » comme des « oui », car je n'ai
d'autres désirs que les vôtres, et je ne demande
pas pour obtenir, mais pour connaître votre volonté. Dans le doute ou dans l'attente, j'agis selon que je crois être selon vos vues et je me
tiens en paix. »

Les petites exhortations, les avis qu'elle
adressait étaient imprégnés du plus pur esprit
religieux, mais son exemple parlait mieux encore
que ses lèvres. Elle voulait avoir sa part dans les
soins répugnants pour la nature que réclamaient
certains malades, comme dans les offices les plus
humbles de l'intérieur. Une ou deux fois ses
Sœurs, par un innocent subterfuge, ayant trouvé
moyen de l'envoyer au parloir à l'heure de son
tour de vaisselle et de récurage, une troisième
tentative la mit en éveil : « Eh bien ! dit-elle, si
quelqu'un attend, que Sœur *** aille voir ce
qu'on demande. »

Pénétrée de ce principe que la charité prime

toutes les vertus, elle y revenait souvent dans ses conseils aux Sœurs et travaillait à la faire régner le plus parfaitement possible autour d'elle, tant par son abnégation que par l'à-propos de ses attentions fraternelles. Ainsi, bien que la vue de la mort l'impressionnât vivement et que néanmoins elle n'évitât pas, le cas échéant, d'ensevelir une personne défunte, il fallait, au contraire, qu'une jeune Sœur insistât près d'elle pour obtenir de s'essayer aux mêmes actes de miséricorde, sa sollicitude la portant à épargner aux autres ce qu'elle savait si courageusement s'imposer à elle-même.

Ladite jeune Sœur, envoyée à Comines au lendemain de ses premiers vœux, avait naturellement le cœur plein de regrets pour le doux nid du noviciat, et au souvenir instinctif de sa Mère Maîtresse, elle s'oubliait aisément à dire « Ma Mère », au lieu de « Ma Sœur Supérieure ». — Non, reprenait gracieusement Sœur Agnès de la Croix, je n'ai pas le titre de Mère, mais j'espère bien vous montrer que j'en ai le cœur. » Et elle n'omit rien pour consoler, soutenir, encourager la nouvelle professe.

Nous avons parlé d'aimables attentions. Voici ce qu'elle-même raconte très simplement à sa sœur :

« Le matin de Noël, quand nous sommes descendues du dortoir (pour nous rendre à la messe de quatre heures, car ici on ne célèbre pas de messe de minuit), la crèche était tout illuminée et, sur la table du parloir, se dressait un régal pour la famille la plus pauvre parmi celles que visite chacune de nos Sœurs. Jugez quelle fête ! car personne n'avait eu vent de la chose. L'argent nécessaire m'était venu en secret et j'étais arrivée à ce qu'on ne s'aperçût de rien.

« Après la messe, grand empressement de chacune à porter ses richesses. Il y avait des pains, des bonbons, des images, etc. Ce n'était pas trop des grands manteaux pour cacher tout cela.

« Et chez les pauvres, quelle joie !...»

La main délicate qui avait préparé cette riante aurore de Noël prenait plaisir à semer les prévenances. Sans en avoir l'air, Sœur Agnès de la Croix s'instruisait, par exemple, des dates chères à chacune de ses Sœurs : anniversaires de vêture, de profession, etc... et, le jour venu, l'intéressée se voyait l'objet d'une petite surprise secrètement ménagée : quelques fleurs, un mot choisi de manière à la réjouir et à lui faire du bien, etc. Plus tard, durant la maladie, s'il arrivait qu'en recevant les services d'une Sœur, la Directrice remarquât un nuage sur son front, elle profitait de l'instant où la Sœur lui donnait ses soins, pour verser la consolation dans ce cœur triste et pour relever, s'il y avait lieu, le courage abattu.

Avec quelle vigilance elle cherchait les moyens d'aplanir les difficultés inhérentes à une œuvre complexe ! Voilà comment, selon le mot d'une Sœur, « elle faisait de la résidence de Comines un petit paradis ». « Qu'on rapporte de Sœur Agnès de la Croix tout le bien qu'on voudra, ajoute une autre, on n'en dira jamais trop. »

Heureuse par-dessus tout lorsqu'il lui était donné d'écrire à notre Révérende Mère : « Nous ne faisons ici qu'un cœur et qu'une âme », elle attachait un prix immense à l'union fraternelle, au maintien de la cordialité, de l'esprit de famille.

Et cet esprit, elle-même en était remplie : témoin les messages pour *celle-ci, celle-là, cette autre* qui affluaient dans sa correspondance avec la Maison Mère : « Je crois bien, finissait-elle par dire un jour, que mon cœur est presbyte : plus il est loin des gens, mieux il les voit. »

N'est-ce pas pour cela qu'elle continua toujours de suivre avec tant d'affection et d'intérêt chacun des êtres aimés dont la séparait sa vocation ? En toutes circonstances, elle trouvait le conseil, le mot capable de leur redire sa tendresse et de leur faire du bien, et mêlait à tout, d'une manière charmante, la note surnaturelle. Nous l'avons déjà amplement montré, citons encore un trait.

A la naissance de sa première nièce, elle écrivit :

« Les Gardiennes-Adoratrices de l'Eucharistie envoient à Mlle Yvonne de Moncuit leurs très respectueux compliments ! elles ont l'honneur de l'exhorter à bien profiter de la grâce du saint baptême et à se montrer la digne enfant de son papa et de sa maman.

« Puisse-t-elle, enfant bénie, apprendre de bonne heure à marcher dans le sentier de la vertu, à lire et à compter dans le Cœur de Jésus, à écrire au Livre de vie des pages éternelles de gloire !...

« Et puisse sa Maman ne jamais la gâter ! »

Mgr Dupanloup, s'extasiant quelque part devant l'âme de la jeune chrétienne qui porte la loi divine au milieu de son cœur virginal, s'écrie : « Quel ordre dans cette âme ! elle est vraiment un reflet de l'état de justice originelle, dont Marie

lui révèle le secret, en lui enseignant à diriger
chacune de ses actions conformément aux vertus
qu'elle-même a pratiquées sur la terre ! Je l'ai
vu ! je le vois ! »

Ne le voyons-nous pas aussi en regardant
Sœur Agnès de la Croix, et ne pouvons-nous pas
dire à notre tour : Quel ordre dans les affections
de ce cœur où la grâce régnait en souveraine !...

CHAPITRE VIII

Les consolations du triduum de sainte Catherine furent la dernière joie goûtée par Sœur
Agnès de la Croix au milieu de ses chères enfants. Quelques jours après, elle était prise d'un
crachement de sang qui jeta l'alarme dans tous
les cœurs. Il ne nous reste plus, hélas ! qu'à
suivre les tristes phases de sa maladie.

Une fois seulement, nous allons encore l'entendre raconter une scène du patronage. Ses
lettres deviennent plus rares : il lui faut recourir à
une secrétaire ; mais, dans celles surtout qu'elle
trace au crayon de sa propre main, on est heureux de saisir les dispositions de son âme pendant
cette longue période de souffrance.

6 *février* 1899. — « Dimanche dernier, j'avais
obtenu la permission de voir passer devant moi
quelques enfants du patronage. Sans les avertir
à l'avance, nos Sœurs avaient dressé deux listes :

1° celle des *sans reproche*... 2° celle des *amélio-rées* ; en tout, une quarantaine.

« Depuis plus de deux mois, elles ne m'avaient pas vue. Je m'étais, pour la circonstance, revêtue de l'habit religieux et, devant mon fauteuil, on avait exposé sur une grande table tous les jolis lainages qui auraient dû précédemment parer l'arbre de Noël : mouchoirs, fichus, cape-lines, etc., etc.. Il y avait jusqu'à des robes et des chemises. Ces présents étaient une seconde surprise ajoutée à celle de me voir. On venait en rang de mérite et on choisissait après m'avoir dit un petit bonjour silencieux : nos Sœurs parlaient pour moi.

« Il paraît que le plus curieux, c'était la ren-trée de chacune dans la salle, les admirations des unes, les regrets, les larmes des autres, de celles qu'à dessein on avait voulu punir ! Il y eut, ce soir-là, beaucoup de joie d'un côté... beaucoup de promesses de l'autre. — Le di-manche suivant (hier), on comptait dix-neuf jeunes filles de plus au patronage. J'ai fait venir cette fois en particulier (mais sans récompense et seulement pour les encourager) celles qui avaient promis de se convertir. Voilà tout ce que le bon Dieu me laisse faire pour le mo-ment ! »

19 *février*. — *A l'une de nos Mères Assistantes*. — « La seule vue de votre écriture a ensoleillé ce matin mon réveil... mais que dire de la nouvelle que vous m'annoncez ?... (¹) J'en suis à moitié guérie, n'était que j'en ai perdu mon si peu d'appétit... mais les doux rêves de la nuit prochaine auront vite réparé ce dégât.

« Quelle joie inattendue ! vraiment je suis une enfant gâtée.. j'en remercie bien toutes mes Mères.

. . . .

« La guérison ne me tourmente pas : Notre-Seigneur et la Sainte Vierge savent bien que je ne suis pas nécessaire ici-bas. Ah ! que je chante souvent dans mon cœur : « Le ciel est ma patrie !... » mais chut... qu'est-ce que j'ai dit là ? Brûlez cette feuille, ma bonne Mère, et soyez convaincue que, par obéissance, je fais des neuvaines pour guérir. »

Une lettre antérieurement adressée à sa tante Joseph-Emmanuel avait sans doute été écrite dans le même style, car nous trouvons qu'elle avait provoqué cette douce admonition :

« La maladie chronique n'est donc pas

____

(¹) Il s'agit de l'arrivée de sa mère à Comines.

passée ?... ce *mal du pays* vous tourmente toujours !... Soyez en paix, il viendra, le but ! il viendra, ce cher Paradis où vous verrez et posséderez votre Jésus, où nous l'aimerons parfaitement sans jamais lui déplaire et sans souffrir, comme ici, de voir qu'on l'offense et qu'on ne se soucie en aucune façon de Lui. Ne vous ennuyez pas de le dédommager par vos assiduités et vos sacrifices. Au ciel, vous n'aurez plus l'honneur et l'avantage de souffrir quelque chose pour Lui. Suivons dès maintenant l'Agneau partout où il nous mène, parmi ses membres souffrants pour les consoler et près des âmes qu'Il veut que nous lui attirions. Nous le suivrons ensuite dans la joie. — Ne vous ai-je pas souhaité d'être vierge, apôtre et martyre ? Il faut bien que vous gagniez votre triple couronne !... Néanmoins, je n'ose pas trop vous gronder, car je ne sais plus quel saint contemporain a dit qu'un vif désir du ciel est une marque de prédestination.... »

3 Mai. — *Sœur Agnès de la Croix à sa sœur Marie de la Réparation.* — « Un mot de mon cœur à votre cœur : c'est si rare ! et, cependant, pour moi comme pour vous, ce serait si bon ! *Fiat...* n'est-ce pas ? on se comprend sans parler...

« Vous voudriez pourtant, petite indiscrète, pénétrer dans le fond de mon âme pour y lire de vos yeux perçants mes pensées... mes désirs.....

« Je n'en accuse que votre affection et..... comme mes forces ne peuvent vous satisfaire, je vous renvoie au cantique : « Jésus donne pour moi sa vie ... »

« Lisez... méditez... appliquez. C'est mon aliment du jour et de la nuit (¹).

(¹)   Jésus donne pour moi sa vie,
        La mienne est à lui sans retour...
        Rien ne saurait me faire envie,
        Je n'ai soif que de son amour.

        Je n'ai soif que de sa présence,
        Quand il est là, je sais souffrir.
        Pourquoi craindrais-je la souffrance ?
        Sur son Cœur il fait bon mourir.

        Vivre ou mourir... ah! que m'importe?
        Je veux faire sa volonté,
        Pourvu que la mienne soit morte,
        Qu'en moi règne sa vérité.

        Que me fait la mort ou la vie ?
        Tourments des nuits, combats du jour...
        S'attrister de cela ! Folie !
        Car tout passe, excepté l'amour !

« Et puis, lisez : « La divine Ecole » ([1]). C'est
là que chaque jour je fais mon éducation dans la
joie, la paix et l'abandon..... »

Ceci indique une fois de plus combien elle
vivait unie à Dieu. Son oraison, sans rien ôter à
l'aisance de ses relations extérieures, était certainement très élevée et presque incessante :
« Je suis plante de serre chaude, écrivait-elle
encore pendant sa longue réclusion, mais le divin

([1])   Je sais une divine Ecole
        Où se forme et grandit le cœur,
        Qui met au front une auréole :
        C'est l'école de la douleur.

        Pour recueillir de la souffrance
        Le parfum rare et précieux,
        Il faut de la Croix en silence
        Accepter le poids glorieux.

        Il faut, sans faiblir, au calice
        Tremper ses lèvres et son cœur ;
        Se préparer au sacrifice,
        Comme on se prépare au bonheur.

        Il faut, ô divine folie !
        Soudain se séparer de tout,
        Et consentir en pleine vie,
        Lentement, à mourir debout !

Jardinier est avec moi. » Et, dans une naïve expansion : « J'ai besoin de dire des *Ave Maria* —
ou bien : « Quand je commence la prière : *Anima
Christi*, dès que j'ai dit : « Ame de Jésus-Christ,
sanctifiez-moi », j'en ai assez pour m'occuper, il
m'est impossible d'aller plus loin. »

31 Mai. — *A sa tante J. E.* — « Vous avez dû
apprendre le nouvel accident de santé qui m'est
arrivé le 24 avril.... Sœur *** se demande comment je ne désire pas revenir à Orléans. Elle ne
se doute donc pas que je ne puis même descendre
seule de mon lit et que je me lève généralement à
peine une ou deux heures par jour.

« Dernièrement, par un temps de demoiselle,
je suis allée jusqu'au jardin, au grand étonnement du jardinier, qui ne m'avait pas vue depuis six mois. Une bonne fièvre a suivi cet
exploit, pour lequel cependant j'avais la permission du docteur. Il est vrai qu'à cette époque-
là, il s'était produit une petite apparence de
mieux.

« Mais à présent, les points de côté sont plus
violents et les transpirations redoublent, au
grand agrément de mes infirmières ; les quintes
de toux sont encore plus distrayantes pour elles
ainsi que les cauchemars. »

27 juin. — *A sa sœur M. de la Réparation.* —
« Priez beaucoup pour moi en ce moment, car, à
la longue, les contrariétés m'irritent et la patience
finit par m'échapper ! Je suis tirée en sens
divers : d'un côté, le désir de cet air de la Matholière dont vous m'envoyez toujours les brises ;
de l'autre, la volonté inflexible du docteur, auquel
on m'a dit d'obéir jusqu'à un *iota.*

« Que faire ?... jusqu'à présent, je n'y voulais
même pas penser, de peur de me laisser aller à
des rêves imparfaits. Mais aujourd'hui que ces
rêves me sont proposés par notre Révérende
Mère, je m'y lance avec toute l'ardeur d'une
nature longtemps comprimée... Je voyage le
jour et la nuit... je vous revois toutes et tous !
et cela, sans savoir si je vous reverrai, puisque
le docteur ne veut pas me laisser partir tant que
j'aurai la fièvre.

« Priez pour que mes désirs ne la fassent pas
monter davantage... et qu'en tous cas, s'il le faut,
je sache me calmer et dire encore : *fiat* !

« A Dieu ! Lui seul est tout... »

14 juillet. — « Ma Révérende Mère,
« Il y a bien longtemps que je n'ai eu le courage de me mettre à écrire une lettre ! Par ces
chaleurs et ces orages, je suis anéantie et je reste

là au milieu du jardin, à peu près comme les cerises qui se laissent mûrir au soleil...

« Je voudrais, ma bonne Mère, s'il était en mon pouvoir, ôter de votre cœur toutes les épines que ma maladie vous occasionne. Vous souffrez des complications, des tristesses et des difficultés de la petite résidence de Comines !... je sais bien que c'est moi qui en suis cause... Mais, ma Mère, pensez donc à tout ce qu'il y a de réjouissant au point de vue surnaturel dans notre petite fondation ! Nos œuvres vont bien... nous sommes généralement aimées, respectées. L'œuvre des malades, telle qu'elle est réglée maintenant, ne nous écrase plus. Le cher patronage surtout est plein d'espérances. Si les épreuves abondent, il faut convenir que les bénédictions abondent aussi... »

A Comines, la consternation était grande ; on multipliait les prières, les supplications et, dès le mois d'avril, on avait vu plusieurs jeunes filles (l'une d'elles presque nu-pieds) entreprendre par un temps de neige et de froid un pèlerinage de douze kilomètres pour obtenir de Marie la guérison si ardemment souhaitée. Mais, devant la persistance du mal, on commençait à pressentir et on appréhendait le rappel de la chère Directrice : « Vous ne savez pas combien elle est aimée, nous disait vers ce temps-là une dame cominoise, de passage à Orléans ; si vous vouliez nous l'enlever, je crois qu'on mettrait des lacets dans les rues pour l'empêcher de partir. »

Il fallut bien pourtant se résigner à son départ dans le courant de juillet ; toutefois on ne le fit là-bas qu'avec l'espérance d'un revoir plus ou moins prochain, auquel, à la Communauté même, on voulait croire.

Un séjour au milieu des sapinières de la Sologne étant de nature à favoriser une amélioration, il avait été décidé que Sœur Agnès de la Croix irait d'abord passer quelques semaines à la Matholière, où nos Supérieures pourraient aisément l'aller voir. Il lui fallut traverser Orléans sans s'arrêter ; du train qui l'emportait sur la ligne de Gien, elle aperçut notre Maison Mère, le foyer de sa vie religieuse... alors son cœur se serra, elle fondit en larmes : « J'eus toutes les peines du monde à la consoler », nous dit sa compagne de voyage. . il lui était si dur de passer outre !

« Que de fois, ajoute la même Sœur, durant ses promenades dans sa petite voiture de malade à travers le parc du château, je l'ai entendue soupirer après le moment du retour à notre chère Communauté ! » Par reconnaissance et par délicatesse pour ses parents qui l'entouraient de soins et de tendresse, elle se gardait bien néanmoins de trahir en leur présence les regrets de son âme religieuse. Au contraire, elle se montrait non seulement sereine, mais gaie, d'une gaîté enfantine et communicative, jusqu'à provoquer parfois des fous rires ; elle s'occupait, travaillant à l'aiguille ou au crochet, elle se faisait faire la lecture ou lisait elle-même. A la voir ainsi joyeuse, encore active, d'autant plus vivante en apparence que son teint coloré faisait illusion, beaucoup se prenaient à dire ou au moins à penser : « Ce n'est pas là une malade désespérée ! » Mais soudain, dès que l'heure fatalement régulière était arrivée, un frisson violent la saisissait et, pendant plusieurs heures, la fièvre torturait sa victime. Alors il fallait bien s'avouer que le mal n'était pas enrayé et que peut-être il ne le serait jamais.

Quant à elle, se rendant un compte exact de sa situation, tant à cause de ce qu'elle ressentait que par l'expérience acquise auprès des malades, elle essayait quelquefois d'entr'ouvrir le voile qui dérobait aux siens la triste vérité, mais sans oser le soulever entièrement.

Ses enfants de Comines quittaient peu sa

pensée. Bien souvent, elle demandait que la liste lui en fût relue et arrêtait de temps à autre la lectrice pour faire une petite glose au sujet du nom prononcé.

Un dimanche du mois d'août, la persévérance de Notre-Dame de Recouvrance d'Orléans vint passer la journée à la Matholière. Il y eut un déjeuner champêtre dans le parc. Sœur Agnès de la Croix voulut y assister et se mêla gaiement à la conversation. Après quelques heures de joyeux ébats, on se réunit pour le salut à la chapelle. La chère malade tint à s'y rendre malgré la chaleur et se fit ensuite un plaisir de distribuer aux persévérantes les roses qui avaient orné l'autel : « Il me semble être encore au milieu de mon patronage ! » disait-elle. Et, incident à noter, ce jour-là la fièvre fit trêve.

Un soir, tandis qu'elle prenait le peu de nourriture qu'elle appelait son dîner, on vint à lui parler de guérison : « Oh ! reprit-elle vivement, je ne guérirai jamais. — Pourquoi ? — Parce qu'on a fait à la Sainte Vierge une promesse qui n'a pas été tenue. — Laquelle ? — Celle de m'envoyer à Lourdes (¹). — Eh bien ! rien n'est

____

(¹) A l'époque de son premier crachement de sang, il avait été question en effet de ce pèlerinage.

perdu, le pèlerinage ne part que dans quinze jours. — Mais il est trop tard maintenant pour l'inscription des malades !... »

On n'insista pas davantage, seulement le parti était pris : dès lors qu'elle le désirait, *il ne serait pas trop tard*. Par une coïncidence des plus heureuses, notre Révérende Mère arrivait à la Matholière le lendemain. Connaître le vœu de notre bien-aimée malade et faire démarches sur démarches pour le réaliser en dépit des obstacles, fut une même chose à sa maternelle et ardente sollicitude. Bientôt Sœur Agnès de la Croix put lui écrire : « Il me tarde de vous dire en style de malade ma joie et mon bonheur. Il me tarde en même temps de vous remercier de la promptitude avec laquelle vous avez réussi. J'ai le regret de ne pouvoir vous en dire beaucoup plus, ma Mère, car la fièvre me tient toujours dans ses filets... La Sainte Vierge veut nous faire bien voir que nous avons absolument besoin d'elle pour en finir. »

Trois jours après. — « Que vous dire, ma bonne Mère, presque à la veille de ce grand voyage ? Je le résume en quelques mots, car je n'ai pas la main agile. Je pars avec joie et confiance. Confiance, parce que je me sens plus souffrante en ce moment. Une chose pourrait m'ébranler. Nous venons de lire le récit des miracles opérés pendant le pèlerinage d'Arras ; or, de toutes les miraculées, on dit : « Elle avait une patience admirable. . elle édifiait tous ceux qui l'approchaient... Sa foi, sa dévotion étaient exemplaires, etc... » Et je me dis que moi, qui n'ai rien de ces choses remarquables, je ne puis attirer l'attention de la Sainte Vierge. Et puis, il faut être si humble pour être miraculée ! Que dira de moi Notre-Seigneur anéanti dans les mains de celui qui le porte, en me voyant si vivante entre les mains de mon infirmière (¹), de mes Supérieures ?...

« Je vous entends, ma Mère, me dire qu'il ne faut pas s'arrêter à cela et je comprends votre pensée.

« Si je n'ai rien pour attirer les faveurs, ne suis-je pas armée de pied en cap pour exciter la compassion de Jésus et de sa sainte Mère ? Si le lépreux n'avait pas été couvert de lèpre, il aurait passé comme les autres sans attirer les regards de Notre-Seigneur. — Un autre motif

(¹) Contradiction frappante avec le témoignage de sa Sœur infirmière, qui dit bien haut n'avoir jamais rencontré dans une malade autant de souplesse, de patience et d'aimable suavité.

de confiance, c'est le désir qui me prend d'être guérie.

« Jusqu'à présent, je m'étais toujours efforcée de le demander par obéissance, mais j'avais à lutter contre un autre désir qui a toujours été plus fort que moi... Il me semblait que, si la Sainte Vierge avait daigné me dire : « Tiens, « pauvre petite, voici des ailes, viens que je te « guérisse en paradis ! », ç'eût été le comble de mes vœux ! Mais aujourd'hui, je sens que ce désir d'obéissance est devenu un désir mien. Je pense à ce cher Comines que vous m'avez confié... aux Sœurs si pleines de bonne volonté que vous m'avez remises entre les mains et auxquelles je me sens un ardent désir de faire un peu de bien... Je pense à nos enfants pour lesquelles Notre-Seigneur m'a mis au cœur tant d'affection, de projets et d'espérances !... Je pense à vous, ma bonne Mère, qui avez tant fait pour mon rétablissement... à nos Mères, à nos Sœurs qui ont tant prié et qui prient tant encore pour ma guérison... et je me dis alors que m'envoler serait une trahison...

« C'est donc avec une prière ardente que je vais aller me jeter dans la piscine miraculeuse, et j'espère y laisser mes infirmités physiques et morales.

« C'est avec une confiance illimitée dans le
Jésus de ma première communion, que j'irai lui
demander santé et sainteté, car je n'accepterais pas
l'une sans l'autre. Ne vaudrait-il pas mieux mourir
que vivre au milieu des saints sans se sanctifier?...
Que, s'il n'y a pour moi de sainteté que dans la
maladie et dans la souffrance, *fiat! fiat!...* »

Le dix-neuf août, Sœur Agnès de la Croix partit avec le pèlerinage national, dans un tel état que
le médecin (et plus d'un avec lui) regardait ce
voyage comme « une folie ».

Contrairement aux prévisions humaines, malgré la fatigue du trajet, elle parut reprendre à
Lourdes forces et appétit.

Elle y passa trois jours ; on la conduisait à la
messe dans sa petite voiture et elle recevait la
sainte communion ; puis, on la plongeait dans la
piscine. « On sentait, nous dit Sœur M.-B., sa
compagne assidue et dévouée, qu'elle eût voulu
demeurer jusqu'au soir devant la grotte miraculeuse. Ses yeux se fixaient sur l'image de la
Vierge avec une expression intraduisible de foi
et d'amour. Qu'elle était belle ! Je la contemplais
en silence et, autour de nous, tout le monde la regardait avec un pieux respect, mais elle, absorbée
dans sa prière, ne voyait que la Sainte Vierge. »

Obligée enfin de céder aux inexorables avant-coureurs de la fièvre, elle rentrait à la Maison des Sept-Douleurs, où sa qualité de malade lui avait valu le privilège d'être *hospitalisée*. Elle se reposait quelques heures et, tandis qu'à la Matholière, elle touchait à peine aux mets les plus délicatement choisis et préparés, ici, elle mangeait indifféremment et avec appétit des aliments servis à tous, voire même de la viande que son estomac ne supportait pas depuis long-temps.

Vers quatre heures, elle se relevait pour assister à la procession du Très Saint Sacrement. « Quel que fût son état, dit encore Sœur M.-B., rien n'é-tait capable de l'arrêter. Et il fallait la voir dans la cour des miracles ! il fallait l'entendre surtout répéter les acclamations et les invocations, en essayant de soulever ses faibles bras et de les tenir étendus en croix. Quand le prêtre s'écriait : « Sei-gneur, guérissez nos malades! », elle, d'un accent que je n'oublierai jamais, reprenait : « Oui, Sei-gneur, guérissez-les, non pas moi, je n'en suis pas digne, mais les autres ! » Ces paroles jaillissaient si ardentes de son cœur et de son humilité que je ne pouvais retenir mes larmes. Il y a là pour moi des souvenirs que je ne sais pas rendre, mais que je conserverai toute ma vie. »

Le voyage du retour s'effectua pour notre chère malade d'une façon qui contrasta sensiblement avec celui du départ. Lorsqu'elle était arrivée à Lourdes le dimanche matin, son extrême épuisement l'avait obligée à se mettre au lit, sans même entendre la messe. A Orléans, au contraire, après être descendue du train qui la ramenait, elle se montra toute la journée presque aussi vaillante que l'eût fait une personne valide.

Dans l'après-midi, Sœur Agnès de la Croix eut la joie de passer quelques heures à notre Maison Mère, où grand nombre de Sœurs se trouvaient réunies pour les exercices de la retraite annuelle. On la conduisit aux pieds de la Vierge de Lourdes, qui réside au milieu de nos jardins dans une grotte entourée de minuscules Pyrénées. La Communauté l'y accompagna, non sans émotion. Ce fut comme un pèlerinage d'actions de grâces pour l'amélioration légère qui s'était produite ; on aimait à y voir un présage de guérison, et on se livrait bien volontiers à l'espérance. Avant de nous quitter, elle demanda la permission de faire une courte visite à l'infirmerie. Puis il lui fallut s'éloigner encore de cette chapelle, de cette maison, de ces lieux tant aimés où elle laissait la meilleure partie de son cœur et qu'elle venait de revoir pour la dernière fois ! Au lieu de quelques années sur la terre, sollicitées à grand'peine par son enfant, Marie se disposait à combler le vœu le plus ardent de son âme en lui ouvrant le séjour de la véritable et immortelle vie.

Le mois de septembre s'écoula sans autre incident que celui dont Sœur Agnès de la Croix rend compte elle-même, en empruntant la main de sa mère : (¹)

« Ne croyez pas que c'est maman qui vous écrit, car c'est moi !! moi, invalide du bras droit, et qui, à cause de cela, possède encore trois bras à mon service. Je vous apprendrai *par la présente* que je suis maintenant avantagée d'un zona cervical, «lequel zona, pour ma consolation, fait beaucoup souffrir avant, pendant et même après son existence... » ce sont là les encouragements du docteur.

« Vous croyez que je plaisante ? mais non, et, si vous m'aviez vue l'avant-dernière nuit arpenter ma chambre nerveusement, faute de pouvoir trouver du repos dans mon lit, vous eussiez compris que le zona est un furieux socius. J'entends d'ici vos craintes... Aviez-vous du feu ? — Cer-

______

(¹) Lettre à sa sœur M. de la Réparation.

tainement, et nous sommes restées, maman et moi, jusqu'à plus de minuit chacune dans un fauteuil, au coin de ce même feu. Ne pensez pas que je faisais l'heure sainte ; je ne poussais que des soupirs douloureux et ma pauvre maman était impuissante à me soulager.

« Ce zona ne doit pas me faire oublier de vous dire que le reste ne va pas trop mal ; je mange avec assez de plaisir, je ne tousse pas beaucoup ; ce sera peut-être un bien que ce répulsif naturel qui est arrivé là tout à coup... »

Trop heureuse hypothèse, si la suite en eût fait une réalité ! Mais, tandis que voulant espérer contre toute espérance, on préparait à notre chère Sœur un séjour sous le ciel du midi, tout à coup, dans la nuit du 9 au 10 octobre, elle fut prise d'un épouvantable vomissement de sang qui, arrêté à plusieurs reprises par les soins de sa mère et du docteur, ne cessa définitivement que dans la soirée du 10. L'hémorragie avait commencé quatorze heures auparavant !

Mme du Roscöat, effrayée de l'épuisement de la pauvre malade, avait fait appeler M. le curé de Tigy. Spontanément Sœur Agnès de la Croix, qui sentait la vie se retirer d'elle, demanda l'extrême-onction. C'était le secret désir de sa chrétienne et courageuse mère ! Elle reçut donc (avec quelle piété, nous n'avons pas besoin de le dire !) le sacrement qui donne la force de souffrir, quand Dieu ne permet pas qu'il contribue au recouvrement de la santé.

Peu après, elle eût la visite de M. l'Aumônier. Ce lui fut une grande consolation : « Il m'a apporté la grâce de la prière, dit-elle... Je ne pouvais plus prier ! »

Elle souhaita le lendemain d'être placée sur un simple lit de fer, assurant qu'elle s'y trouverait mieux que dans un grand lit, qu'elle y serait moins perdue et aurait moins chaud ; il se mêlait certainement à cela une sorte de satisfaction d'avoir un lit semblable à ceux de la Communauté, car, parmi les douceurs et l'affection qui lui étaient prodiguées, elle éprouvait une peine sensible et profonde de ne pouvoir mourir au milieu de sa famille religieuse et dans la pauvre infirmerie de son cher couvent. Malheureusement la récente hémorragie rendait tout transport impossible.

Notre bonne Sœur S[te] [C.], qui la soignait avec tout son dévouement fraternel, lui ayant encore proposé une neuvaine pour sa guérison : « Oh ! oui, ma Sœur, faisons-la pour demander que je fête la Toussaint au ciel. — Non, nous deman-

derons au bon Dieu qu'Il fasse sa sainte volonté.
— Oui... oui... mais que ce serait beau la Toussaint là-haut !... Est-ce que je puis mourir dans une crise ? Dites-le moi... — Ce ne serait pas impossible, répondit timidement la Sœur. — Ah ! merci, j'aime mieux le savoir. »

Au cours d'une de ses dernières nuits, des craintes la saisirent : « J'ai peur de l'enfer, ma Sœur, disait-elle, restez près de moi... J'ai peur !... Donnez-moi de l'eau bénite... » La nuit presque tout entière se passa dans ces angoisses. Mais, le plus habituellement, elle parlait du ciel, profitant pour cela des moments où ses parents s'éloignaient, car, en leur présence, sa piété filiale lui faisait éviter la moindre allusion au départ qu'elle redoutait pour eux en y aspirant pour elle-même.

« A mon arrivée à la Matholière, au lendemain de sa terrible hémorragie, écrit sa sœur Thérèse (la confidente aimée de ses dix-huit ans, dont le cœur ne faisait qu'un avec le sien), à mon arrivée, elle ne me disait plus rien. Elle savait combien je me serais vite attendrie... et je regarde comme une grâce qu'elle a dû nous obtenir, ce calme apparent qui nous empêcha tous, jusqu'à sa mort, de nous laisser voir les uns aux autres notre douleur. Un jour, cependant, c'était le jeudi 26 octobre, elle me demanda de chercher dans son livre d'office l'image que je lui avais faite pour sa prise d'habit. Les premiers mots que j'y lus : « *Dirupisti vincula mea*, Seigneur, vous avez rompu mes liens.., » en disaient trop à cette heure de suprême adieu, pour qu'il me fût possible de ne pas comprendre sa pensée : elle avait voulu tout à la fois me montrer que cette image ne l'avait pas quittée et me faire entendre ce qu'elle n'osait m'exprimer. Mes yeux se remplirent de larmes, je dus rompre ce muet entretien. Certainement elle sentit comme moi et n'ajouta rien.

« A un autre moment, elle me pria de lui chanter le cantique : « Que puis-je désirer au ciel et sur la terre ?... » Je le fis, elle buvait mes paroles... et quand, au couplet, j'hésitai : « Tu ne sais plus ?... Ah ! si je pouvais, moi !... je te le chanterais bien !... » Alors je lui chantai : « Jésus donne pour moi sa vie... » Au dernier couplet, j'hésitai encore, elle me souffla : « Car tout passe, excepté l'amour... »

Le même jour, Sœur Agnès de la Croix reçut le saint viatique. L'adorable hostie déposée sur ses lèvres pour la première fois le 26 juin 1879 et, comme elle le reconnaissait si bien, principe des grâces innombrables dont Dieu l'avait privilégiée, devait donc vingt ans après, le 26 octobre 1899, venir consommer son œuvre et conduire au seuil de l'éternité cette âme qu'elle avait introduite dans « l'étroit sentier » où marchent les prédestinés, cette âme qu'elle avait portée d'ascension en ascension au sommet de la montagne sainte.

Le vendredi, notre chère malade renouvela ses vœux et l'acte de total abandon que les Sœurs de l'Institut prononcent au jour de leur profession perpétuelle. Dieu, de son côté, lui ménagea la visite de notre Révérende Mère.

La faiblesse toujours croissante, les crises d'oppression plus fortes, tout en signalant l'approche du dénouement fatal, laissaient encore l'illusion sur sa rapidité, de sorte que, réclamée par une affaire pressante et abusée par son cœur qui se refusait à croire imminent le malheur appréhendé, notre Mère Supérieure quitta la Matholière dès le samedi, avec la pensée d'y revenir au premier signe.

Les deux jours dont nous venons de parler furent des jours de prostration physique pour la malade, mais son esprit et son cœur demeuraient en éveil et, jusque dans le délire qui s'emparait d'elle aux heures d'assoupissement, elle parlait de tous les objets de ses affections : Comines...

sa famille, sa communauté où il lui semblait
qu'on allait enfin la ramener...

Laissons maintenant sa sœur Marie de la Réparation faire le récit des dernières heures :

« J'arrivai le samedi soir... Personne pour
m'accueillir au salon... un silence de mort, des
visages tristes, des yeux rougis par les larmes...
Je m'avançai vers la chambre de Sœur Agnès,
on m'arrêta : « Elle ne peut te voir ce soir, elle
est trop fatiguée... » Ma déception fut poignante...
Après le dîner, je revins à la charge, on céda...
En quel état je trouvai ma sœur chérie ! Sa res-
piration haletante soulevait sa pauvre poitrine et
le drap qui la recouvrait, des sons entrecoupés
et gutturaux sortaient seuls de ses lèvres... Je
m'approchai : « Vous avez été heureuse de voir
notre Mère ?... — Oui..., mais... c'est un sacrifice... parce que.., je ne peux rien dire... » Je lui
parlai de la retraite du pensionnat commencée
la veille... de plusieurs enfants qui se recomman-
daient à son souvenir et priaient pour elle : « Je
vais offrir ma nuit... à leur intention. »

« Heureuses enfants qui ont eu ses derniers
sacrifices !

« Je lui demandai si elle voulait voir M. l'Aumônier, arrivé aussi dans la soirée. — « Demain », dit-elle. Mais un peu plus tard, maman

lui ayant proposé de le faire entrer simplement pour la bénir afin que sa nuit fût bonne : « Oh ! oui, je veux bien... » — M. l'Aumônier entra : « Mon Père... je sens la mort venir à grands pas... » On les laissa seuls... Un instant après, il sortit : « Oh ! nous dit-il, quel changement !... Je prie Dieu de vous donner à tous du courage cette nuit... »

« Vers onze heures, Sœur Ste C. voyant la chère malade baisser sensiblement, lui demanda si elle ne serait pas heureuse de recevoir l'indulgence plénière. — « L'indulgence de la bonne mort, reprit-elle... Oh ! oui, je veux bien... »

« M. l'Aumônier ne se fit pas attendre ; il lui donna une dernière absolution et l'indulgence *in articulo mortis.*

« Bientôt toute la famille fut avertie et réunie autour de Sœur Agnès. Seul, notre pauvre père manquait. Lui aussi, comme notre Révérende Mère, avait cru pouvoir s'absenter momentanément. Un douloureux silence régnait dans la chambre, il n'était interrompu que par le râle déchirant de la bien-aimée mourante, et surtout par les invocations qui lui étaient suggérées et qu'elle répétait péniblement : « Jésus, Marie, Joseph, je vous donne mon cœur, mon esprit et

ma vie... etc... » elle accentua avec une énergie
saisissante ces trois mots : « ma dernière agonie ».

— « J'ai faim... j'ai soif... » On lui donna un
peu d'eau de Lourdes, qu'elle prit après avoir dit
trois fois : Notre-Dame de Lourdes, priez pour
nous, Une des invocations qui revenaient le plus
souvent sur ses lèvres, même les jours précédents, était celle-ci : « Jésus, ne soyez pas mon
Juge, mais mon Sauveur ! »

« Quand, la voyant trop oppressée, on suspen-
dait les invocations : « Priez, priez.... » disait-
elle. Dans un de ces silences : « On ne me chante
donc pas un petit cantique ?... » Personne, on le
comprend, n'eut la force de répondre à ce pieux
désir.

« De temps à autre, on lui faisait aspirer de
l'oxygène ; elle essayait encore d'accompagner
d'un sourire le merci qu'elle donnait à chaque
léger service reçu. Un peu après quatre heures,
Sœur Ste C. commença les prières des ago-
nisants : on vit que Sœur Agnès les suivait...
J'approchai ensuite de ses lèvres le petit crucifix de mon chapelet ; elle ne parut pas le sentir
ou ses lèvres se refusèrent à l'effort. Quelques
minutes s'écoulèrent encore, puis un soupir
s'échappa de sa poitrine... tout était fini, son

âme angélique venait de s'exhaler. Le *Dirupisti
vincula mea* était pour jamais accompli ! »

Elle contemplait maintenant le divin Objet de
ses virginales amours et se reposait à l'ombre de
ce Jésus qu'elle avait tant désiré ! C'est à l'aube
du vingt-neuf octobre que des lèvres du céleste
Epoux s'était fait entendre le doux appel : *Veni,
columba mea, electa mea* !...

Tandis que, sur son petit lit de fer entouré de
lis et de roses, elle commençait à dormir son
dernier sommeil, revêtue de son habit religieux,
la tête ceinte d'une couronne de roses blanches
comme au jour de ses fiançailles, elle recevait
là-haut le vêtement de gloire, la vraie parure
des noces de l'Agneau et l'immortelle couronne
des Vierges !

Coïncidence digne de remarque : elle s'en était
allée au jour où la sainte Eglise fêtait la Mère
de douleur (¹), que, d'une façon en quelque sorte
prophétique, le Révérend Père Nisser lui avait
autrefois présentée comme le spécial exemplaire
de sa vie. C'était à la suite de cette Reine des
martyrs que, pour elle, s'effectuait la parole de

(¹) Cette année-là, la solennité de Notre-Dame des Sept-
Douleurs avait été remise au 29 octobre.

l'Ecriture : « *Adducentur Regi Virgines post eam.* »

Dès que la nouvelle de sa mort fut connue, on accourut à la Matholière, de Tigy et des alentours. Chacun voulait voir une fois encore ses traits empreints de la paix du ciel ; on s'agenouillait, on la considérait avec respect, on priait pour elle tout en l'invoquant, et on se retirait l'âme embaumée d'un ineffable parfum.

Au matin de l'inhumation, 31 octobre, elle fut transportée dans cette chapelle du château où, trente-deux ans auparavant, elle avait reçu la robe d'innocence dont (tout semble le prouver) elle garda intacte la blancheur ; cette chapelle où, jeune fille, nous l'avons vue si souvent prier et pleurer, où, entre elle et Notre-Seigneur, s'étaient tenus des colloques si intimes et si décisifs.

Le service d'adieu fut célébré à l'église de Tigy, au milieu d'une affluence recueillie et sympathique. Avant la cérémonie, M. l'Aumônier, cédant aux vives instances de M. le curé de la paroisse, prit la parole. Ému profondément et maîtrisant avec peine les sanglots qui lui coupaient la voix, il livra tout ce qu'il pouvait livrer des secrets de cette âme, si limpide d'ailleurs. Il retraça et mit vivement en relief la radieuse enfance de Sœur Agnès de la Croix, sa jeunesse généreuse et sa vie religieuse trop courte, mais si pleine : « Je ne crains pas de le dire, s'écriat-il, nous avons ici sous les yeux plus que des restes ordinaires, nous avons des reliques..... Oui, « elle était belle d'une beauté surnaturelle » (¹), elle était en quelque sorte une manifestation vivante de Notre-Seigneur Jésus-Christ. »

A qui ne connut pas Sœur Agnès de la Croix, ce dernier mot pourrait paraître une pieuse exagération ; mais, quand on voit, d'après ses notes, combien elle aspirait à faire en soi le vide pour se remplir de Notre-Seigneur et arriver à dire en toute vérité : « Ce n'est plus moi qui vis, c'est Jésus-Christ qui vit en moi », quand on a été témoin du seul effet pacifiant et sanctifiant produit par sa présence, on ose, sans hésitation, affirmer qu'elle s'était approchée de l'idéal à un degré que peu d'âmes atteignent ! L'irradiation de son front, la pureté de son regard, l'angélique douceur de sa physionomie, l'amabilité de sa vertu, faisaient dire : Jésus est là !

Sa précieuse dépouille fut déposée dans la sé-

______

(¹) Allusion à la parole déjà citée d'un ami de M. du Roscöat.

pulture de famille, au cimetière de Tigy, non loin
par là-même de celle d'Angèle Arnout, l'humble
et sainte collaboratrice, puis la continuatrice de
son apostolat près des jeunes filles de leur commune paroisse. Plus proches encore l'une de
l'autre dans le sein de Dieu qu'ici-bas dans le
champ de la mort, certainement elles veillent
ensemble du haut du ciel sur l'œuvre qu'ensemble elles ont aimée et fécondée.

Le vendredi 3 novembre, un second service eut
lieu dans la chapelle de notre Maison Mère. C'est
bien ici qu'on peut dire : « Les larmes et les
regrets en faisaient le véritable deuil. » Oh ! oui,
regrets d'avoir vu sitôt s'envoler l'ange de
Comines, d'avoir perdu dans sa fleur cette religieuse dont le printemps donnait déjà bien plus
que des espérances ; regrets même de sentir
qu'était vide le catafalque élevé près du sanctuaire et de voir son corps virginal privé de recevoir les bénédictions suprêmes de l'Eglise dans
la chapelle où, prosternée vivante sous le drap
mortuaire, elle avait été consacrée vierge et victime.

Elle-même, dans ses derniers jours, avait dû
songer à cela, en souffrir. Mais, holocauste volontaire entre les mains de Dieu, il fallait que
tout, jusqu'aux prévisions terrestres d'au delà

du tombeau, lui devînt la matière d'un sacrifice.

De tous côtés arrivèrent les expressions de
douleur et les pieux éloges, à mesure que se
répandit l'annonce du départ de notre bien-aimée
Sœur ; nous nous bornerons à quelques citations :

« J'ai eu occasion de voir bien souvent et de
très près Sœur Agnès de la Croix, je ne l'ai jamais vue faire une chose qui ne fût parfaite ! »
(*Lettre d'une de ses Sœurs de noviciat.*)

« Doit-on verser des larmes sur le départ
d'une âme si sainte, qui a été regagner la patrie
dont elle n'avait cessé de rêver sur la terre ? . .
. . . . J'imagine que
vous la voyez, et avec raison, entourée de la
couronne de la béatitude. Quant à moi, c'est à
peine si j'ose prier pour elle, mais je ne cesse
de la prier de me continuer là-haut tout le bien
qu'elle m'a fait ici-bas. Elle restera toujours dans
mon souvenir la figure la plus pure et la plus
exquise que j'aie connue ! » (*Une amie de Sœur
Agnès de la Croix.*)

« Elle et moi, nous étions mortes l'une pour
l'autre, et pourtant j'ai le cœur bien gros. Je

revois si triste cette Matholière où j'ai passé avec vous tant de joyeux moments !... Mais Sœur Agnès est bien heureuse ! C'est au ciel qu'il faut la chercher, et c'est moins loin que nous ne le pensons quelquefois . . . .

. . . . A n'en pas douter, le bon Dieu vous a pris là une petite sainte. Je ne puis m'empêcher de lui appliquer ce que l'Eglise fait dire de saint Stanislas, qu'il a « racheté le temps » par une fidélité incessante.

« En fêtant le 1er novembre, j'ai salué la chère Yvonne parmi ces *Virgines Domini* dont l'office parle si souvent, mais surtout je lui appliquais ce « Bienheureux les cœurs purs, parce qu'ils verront Dieu » auquel elle m'a toujours fait penser, même dans le monde... » (*Sa cousine religieuse à Sœur Marie de la Réparation.*)

« ... Vous l'aviez déjà donnée généreusement à Dieu au jour de sa profession religieuse, et Notre-Seigneur a voulu prendre uniquement pour Lui la jouissance de celle qui lui appartenait si entièrement. Elle était trop parfaite pour la terre et, dans sa courte carrière, elle avait si bien su travailler pour la gloire de son Epoux divin qu'elle s'est présentée devant Lui les mains pleines de mérites.

« Selón nos vues humaines, il nous semble qu'il eût été des intérêts de Dieu de la laisser longtemps faire le bien ici-bas, il l'avait si admirablement douée pour cela ! Mais ses pensées ne sont pas les nôtres et il a jugé bon de la couronner prématurément. . . . . . . Elle a passé de vos bras dans le Cœur de Jésus, après vous avoir laissé mille souvenirs de vertu et d'édification.

« Ce cher dépôt vous sera conservé au ciel où vous en jouirez toute l'éternité... » (*La Mère Claude-Agnès, visitandine, à Mme du Roscöat.*)

« Le ciel s'est donc ouvert pour recevoir notre chère petite sainte !... Elle s'est endormie en y rêvant, comme vous le dites ; le réveil a dû être bien beau ! . . . .

. . . .

. . . . . J'aimais beaucoup Sœur Agnès de la Croix, j'étais si profondément édifiée de la voir si calme, si simple, si égale toujours et avec cela si modeste ! Notre-Seigneur rayonnait tellement dans toutes ses paroles et ses actions que je ne l'approchais qu'avec un respect attendri. Sa présence était toute une prédication pour moi, prédication qui, pour être muette, n'en était pas moins éloquente. Toutes, nous l'avons appréciée, notre chère petite sœur ; toutes, nous la pleurons, mais avec la conviction que nous avons une sainte de plus au ciel. Quant à moi, j'ai eu de ceci une impression si particulière pendant la grand'messe que j'en reviens tout embaumée. Si les yeux sont pleins de larmes, les cœurs ont l'intuition d'un bonheur trop grand pour n'en être pas doucement et suavement consolés... » (*La Directrice d'une de nos Résidences.*)

Son Éminence le Cardinal Coullié, Archevêque de Lyon, à Monsieur du Roscöat.

« Mon cher ami,

« Une dépêche d'Orléans nous apprend le grand deuil de la famille, et je viens sans retard vous dire la part que je prends à votre douleur. Nous espérions contre toute espérance, et voilà que Dieu a cueilli cette fleur si délicate pour la placer dans son Paradis. Pour nous, qui avons suivi Yvonne depuis son enfance, nous comprenons les desseins de Dieu. N'est-ce pas Lui qui s'est plu à orner cette âme de vertus délicates et énergiques et à la proposer comme modèle aux compagnes de son âge ? Heureuse enfant ! elle répondait à ces avances de son Dieu, et voilà pourquoi, mûrie de bonne heure par la grâce et sa fidélité, elle est partie loin de ce monde et près de Celui qu'elle a aimé.

« Pour vous, mon cher ami, et pour sa chère mère, quelle consolation vient adoucir vos larmes, et, à la veille de la fête du Ciel, avec quelle confiance vous verrez votre enfant placée dans la phalange des Vierges, accompagnant l'Agneau partout où il va et chantant le cantique réservé aux Epouses fidèles du Sauveur !

« Dès demain, je porterai au saint autel le souvenir de cette chère enfant, et je demanderai pour la famille la grâce de la soumission et de la sainte espérance... »

Avant de clore cette notice, laissez-nous vous saluer dans ce cortège des Vierges, ô Sœur bien-aimée dont le souvenir est pour nos âmes un parfum et une vision du ciel... Vous dont la vie fut un poème, un hymne de triomphe à la divine Hostie, vous contemplez maintenant dans l'extase de l'amour cet Agneau toujours immolé duquel, dès ici-bas, votre cœur si pur pouvait dire avec sainte Agnès : « Je suis épris de la beauté de Jésus-Christ, *quem vidi... in quem credidi...* »

Priez-le de garder la petite famille de ses Gardiennes-Adoratrices, de faire de chacune de nos âmes une image vivante, un apôtre de son Eucharistie, une victime vraiment sacrifiée et anéantie comme il l'est Lui-même au Très Saint Sacrement.

TABLE

Orléans — Imprimerie PAUL PIGELET, rue Saint-Étienne, 8

www.ingramcontent.com/pod-product-compliance
Lightning Source LLC
LaVergne TN
LVHW011923180726
843502LV00003B/695